미래를 위한 과거로의 산책

세상을
움직이는 책

에게 드립니다

Thomas More · UTOPIA

토머스 모어 지음 | **박병진** 옮김

유토피아

개정판

육문사
Yukmoonsa

Thomas More · UTOPIA

세상을 움직이는 책
유토피아

발행일 | 2011년 2월 5일 개정 초판 1쇄
         2012년 3월 5일 개정 초판 2쇄

지은이 | 토머스 모어
옮긴이 | 박병진
교정 | 이정민
디자인 | 인지숙
펴낸이 | 이경자
펴낸곳 | 육문사

주소 | 서울 마포구 월드컵로 11길 35, 101동 502호
전화 | 02-336-9948
팩시밀리 | 02-337-4315
출판등록 | 제313-2011-2호 (1974. 5. 29)

ISBN 978-89-8203-106-9 (03160)

유토피아

〈일러두기〉

육문사 발행 토마스 모어의 유토피아는 1994년 5월 10일 발간된 초판본을, 2005년 2월 5일 중판 개정을 거쳐 어휘, 문법을 현대에 맞게 수정하여 2011년 2월 5일 개정 3판으로 재출간을 하였다.

※인명과 지명은 외래어 표기법을 따르는 것을 원칙으로 하며, 관행상 굳어진 표기는 그대로 표기하였다.

차 례 / 유토피아

토머스 모어에
대하여

토머스 모어(Thomas More)는 1478년 2월 6일 런던의 밀크 스트리트 (Milk Street)에서 고등법원 판사인 존 모어(John More)의 아들로 태어 났다.

그는 잠시 성 안토니 스쿨(St. Anthony School)에 다닌 후 1490년, 캔터베리(Canterbury)의 대주교이며 추기경이었던 존 모턴(John Morton)의 견습생으로 들어갔다. 존 모턴이 어떤 사람이었는가는 모어 자신이 《유토피아》에서 기록하고 있지만, 그의 집에 머무르는 동안 모 어는 다양한 견문을 넓혔으며 그의 모든 작품들의 특징이었던 쾌활함과 기지(機智)의 징후가 나타나기도 하였다.

셰익스피어(Shakespeare)의 사극(史劇) 《리처드 3세》에 등장하는 일리 (Ely, 영국 Isle of Ely 州의 도시로서 대성당이 있음)의 주교(主敎) 존 모턴이 바로 이 사람이다. 존 모턴이 리처드 3세의 박해로부터 도망쳐 리치몬 드 백작(후에 헨리 7세가 됨)을 도와 마침내 리처드 왕을 죽인 일은 유명 한 사실이다. 그러한 모턴이 소년 모어를 어떻게 생각하고 있었는가는, '이 소년은 반드시 놀라운 인물이 될 것이다.' 라는 말로 가히 짐작할 수 있다.

15세가 되었을 때 모어는 존 모턴의 추천에 의해 옥스퍼드(Oxford) 대 학에 입학하여 고전학을 공부했다. 그는 이곳에서 신학문(新學問)과 접 촉했으며 그의 앞에는 새로운 세계가 펼쳐졌다. 그곳에는 문예부흥의 발상지라고도 할 수 있는 이탈리아에서 새로운 지식을 습득하고 온 휴 머니스트(Humanist)들이 있었다. 모어는 대학에서 그리스어를 공부했 으며 새로운 문화, 학문, 인간관 등 휴머니즘이라고 불리는 모든 것을 흡수했다.

그렇지만 새로운 세계를 바라보며 마음을 설레던 젊은 휴머니스트 모어의 귀를 두드린 것은 현실의 목소리였다. 1494년, 그는 아버지의 희망에 따라 옥스퍼드 대학을 나와 런던의 뉴 법학원(New Inn)에 들어가 법학도가 되었으며 2년 후인 1496년 링컨 법학원(Lincoln's Inn)으로 옮겨 법률 연구에 노력하는 한편 그리스어 공부도 계속했다. 얼마 후 그는 법률가로서의 능력을 인정받아 변호인단의 한 사람이 되었으며 퍼니발 법학원(Furnival's Inn)의 강사가 되었다.

마침내 그의 생애에서 가장 기념할 만한 일이 일어났다. 그것은 네덜란드의 인문주의자이며 문예부흥 운동의 선각자인 에라스무스(Erasmus,1466?~1536)와 알게 된 일이었다. 30여 세의 에라스무스와 소년 토머스 모어의 우정은 1499년 여름에 맺어진 이후 모어가 죽을 때까지 지속되었다.

모어는 아우구스티누스(354~450, Aurelius Augustinus)의 《신(神)의 나라》에 대한 강연을 하기도 하고, 하원의원에 선출되어 국왕 헨리 7세를 탄핵(彈劾)하기도 했다. 그러다 에라스무스를 만난 이후 휴머니즘(Humanism)의 세계로 빠져들었으며 그와 동시에 기독교에 이끌렸다. 그리하여 그는 세속적인 것들을 버리고 종교에 귀의할 것인가, 즉 결혼하지 않고 사제(司祭)가 될 것인가 아니면 결혼하여 속인(世俗人)으로 생활해야 할 것인가 하는 정신적 혼란을 맞게 되었다.

1499년, 그는 런던 카르투지오 수도원(Charterhouse)에서 은거 생활을 하며 기도를 통하여 자기의 갈 길을 구하려 하였다. 마침내 그는 그의 고해 신부인 딘 콜레트(Dean Colet)의 충고에 따라 속인의 길을 택하기로 하고 1505년 제인 콜트(Jane Colt)와 결혼했다.

1509년, 헨리 7세가 죽자 헨리 8세가 왕위에 올랐다. 당시 헨리 8세는 열여덟 살의 젊은 나이였다. 장래의 이 폭군은 처음에는 신시대(新時代)의 명군(名君)이었다. 모어는 이제 압제(壓制)의 시대가 끝나고 자유의 시대가 왔다고 기뻐했다. 그러나 국내외적으로 암담하고 불길한 기운이 일기 시작했다. 모어는 마치 빨려 들어가듯이 점점 그 폭풍의 중심권으로 휩쓸려 들어갔다. 젊은 코즈모폴리턴(cosmopolitan)은 여러 나라를 방랑하며 평화와 휴머니즘을 설교했으나 아무런 효과도 없었다.

각 나라들은 침략의 이빨을 갈고 있었으며 평화보다는 전쟁을 좋아했다. 예를 들어 신성로마제국의 황제 막시밀리안(Maximilian)은 정략결혼으로든지 아니면 무력으로라도 합스부르크(Hapsburg)를 삼키려고 호시탐탐 노리고 있었으며, 프랑스 왕 루이 12세는 밀라노를 점령하고픈 탐욕을 노골적으로 드러내고 있었다. 더구나 그들은 유럽, 즉 기독교 나라의 군주들이었다.

평화보다 전쟁을 좋아하는 점에 있어서는 영국도 예외는 아니었다. 게다가 영국은 국내적으로 수많은 문제들을 안고 있었다. 양모 산업(羊毛産業)이 번창함에 따라 농장이 줄어들자 농장을 떠난 사람들은 굶어죽든가 아니면 도둑이 될 수밖에 없었다. 당시 영국은 도둑질을 한 자는 사형에 처했는데 한 교수대에서 이십여 명의 도둑이 처형되고 있었다. 헨리 8세가 다스리던 기간 동안만도 절도죄로 사형에 처해진 사람들의 수는 약 일만 이천 명에 달했다. 이렇게 여러 면에서 영국 사회는 어지러웠으며 악(惡)이 횡행했다.

이러한 영국의 상태에 대해 아니, 전 유럽의 어지러운 상황에 대해 토머스 모어의 양심은 예민하게 반응하고 있었다. 플라톤의 《국가론》과 아우구스티누스의 《신(神)의 나라》를 즐겨 읽던 양심적인 이 법률가는 두 세계, 즉 현실 세계와 현실과는 동떨어진 이상적인 세계를 응시하며 인간에 대해 통렬한 분노를 느꼈으나 또한 동시에 인간을 사랑했다.

그는 자신이라는 소우주(小宇宙)속에 하나의 국가를 상상하고 있었다. 그의 상상 속의 국가상(國家像)은 현실의 투영(投影)인 동시에 초현실(超現實)로부터의 투영이었다. 그것은 한편으로는 궁핍한 사람들의 괴로움과 지배계급의 끝없는 착취, 범죄, 음모 등에 대한 깊이 있고 철저한 파악이었으며 다른 한편으로는 고대 철학자, 신학자가 생각했던 이상 국가(理想國家)에 대한 상상적 정열이었다. 소위 상(上)과 하(下)로부터, 또는 현실과 이상으로부터 각각 던져진 영상(影像)이 하나의 초점을 이루려 했다고 할 수 있을 것이다.

그런데 거기에는 움직일 수 없는 조건이 있었다. 그것은 자신이 속해 있는 가톨릭 교회의 신앙이었으며 이 신앙은 매우 미묘한 의미를 갖고 있는 것이었다. 만일 이 신앙을 지지하여 호교론적(護敎論的) 입장으로부터 하나의 국가관 혹은 사회상(社會像)을 구상하려 한다면 거기에는 가톨릭의 "기독교적 사회이념"이 나타나 그 결과 여러 가지 분규(紛糾)를 야기할 것은 당연한 일이었다. 또 이 신앙을 완전히 부정하여 오직 이성적(理性的)으로만 구축하려 한다면 그것은 이교적(異敎的)인 국가상에 지나지 않으며 따라서 그것은 "최선의 국가"일 수 없다는 것은 명백한 일이었다.

지구상 어디에도 없는 국가, 외면적으로는 오직 이성(理性) 위에 서 있는 듯하지만 그 안에는 신앙이 깃든 국가, 분명 그런 것이 막연하나마 토머스 모어의 마음속에 떠올랐을 것이다.

어느덧 토머스 모어는 점차 중요한 지위에 오르게 되어 1510년에는 런던 시(市)의 부시장(副市長) 겸 법률 고문이 되었다. 1511년 그의 아내인 제인(Jane)이 1남 3녀를 남기고 세상을 떠나자 그는 아이들의 양육을 위해 그해에 알리스 미들턴(Alice Middleton)이라는 연상(年上)의 미망인과 재혼했다. 그는 남편으로서 그리고 아버지로서 모든 노력을 기울였으며, 그의 가정생활은 성(聖) 토마스의 성품의 가장 훌륭한 요소 중 하나였다. 에라스무스(Erasmus)는 울리히 폰 후텐(Ulrich von Hutten)에게 보낸 편지에 이렇게 쓰고 있다.

모어 씨만큼 자식들에게 따뜻한 사람은 없을 겁니다. 또한 그의 연상의 아내를 마치 젊은 처녀처럼 사랑했습니다. — (중략) — 나는 그의 가정을 차라리 학교 혹은 기독교 대학이라고 부르겠습니다. 그 이유는 그의 가족들 모두 집안에서 독서를 하거나 아니면 자유롭게 학문을 연구하기 때문입니다. 그들이 특히 사랑하는 것은 경건함과 미덕이며 그의 집에서는 말다툼이나 불쾌한 말을 들을 수 없으며 모두가 부지런합니다. 그것은 모어 씨가 '훌륭한 사람은 자존심이나 비열한 말로 다스리지 않고 친절함과 정중함으로 다스린다.'는 것을 보여 주기 때문이지요.

　이즈음 에라스무스는 모어의 집에 머물고 있었다. 그는 영국으로 오기 위해 스위스의 알프스 산을 넘어 오면서 유럽에 유행처럼 휘몰아치는 어리석은 풍토에 한탄하였다. 그 경험을 토대로 런던에 도착한 후 모어의 집에 머물면서 저 유명한 《우신예찬(愚神禮讚 : Moriae Encomium)》을 일주일만에 완성했다. 에라스무스는 현명한 모어(More)에 대비되는 어리석은 신(神, 모리아 Moriae)을 비웃으며, 모어에게 헌정한 《우신예찬》은 '모어 예찬'의 뜻을 내포하고 있는지도 모른다.

　이 무렵 국왕 헨리 8세의 누이동생인 메리와 카스틸리아(Castile)의 찰스 왕자(후에 신성로마제국의 황제 찰스 5세가 됨) 사이의 결혼 문제로 인해 양국 간에는 긴박한 외교 문제가 발생했다. 이 문제를 해결하기 위해 헨리 8세는 주교(主教)였던 커스버트 턴스털(Cuthbert Tunstall)을 대표로 외교 사절을 파견했으며 모어는 런던 시민의 대표로서 이 교섭에 참석하게 되었다.

　1515년 5월, 일행은 브뤼셀에 도착하여 Castile의 대표들과 회담에 들어갔다. 그러나 Castile의 대표들의 의견과 일치하지 않아 회담은 일시 중단되었으며, 회담이 중단된 몇 개월 동안 모어는 앤트워프(Antwerp)에 머물게 되었다.

　모어는 그때 앤트워프 시(市)의 관리였던 피터 자일즈(Peter Giles)와 친교를 맺게 되었다. 피터 자일즈는 에라스무스(Erasmus)의 제자로서 모어를 피터 자일즈에게 소개해 준 것도 에라스무스였다.

앤트워프에 머무르고 있는 동안 모어는 전부터 구상하고 있던 《유토피아》를 쓰기 시작했다. 그가 앤트워프에서 쓴 부분은 《유토피아》의 제2권이었으며 제1권은 이듬해 런던으로 돌아온 후 썼다.

헨리 8세로부터 받은 탄압을 잊지 않고 있었던 모어는 마음속으로 우려하였을 것이다. 《유토피아》를 통해 영국의 비참한 상황을 통렬하게 비판하고 폭군을 비난한 모어는 《유토피아》가 단순히 항의의 뜻으로 받아들여지는 것을 원치 않았다. 때문에 그는 현실을 폭로함에 있어서 비현실적으로 하지 않으면 안 되었으며, 객관적 사실을 비판함에 있어 공상적이고도 해학적으로 하지 않으면 안 되었다. 이 이야기의 화자(話者)에게 〈요설가(饒舌家)〉라는 뜻의 히슬로다에우스(Hythlodaeus)라는 이름을 붙인 것도 바로 그러한 의도로부터 나온 것임이 분명하다.

모어가 《유토피아》를 라틴어로 쓴 것은 그가 영국 시민으로서가 아니라 유럽의 지식인으로서 썼다는 것을 의미한다. 당시 라틴어는 유럽 지식인들의 공통어였기 때문이다.

모어는 외교 사절로서의 임무를 완수하고 고국으로 돌아와 일시적으로 국왕 헨리 8세의 신임을 받았다. 더불어 그의 지위는 차츰 높아져 1521년에는 나이트(Knight) 작위(爵位)를 받았으며, 1529년에는 대법관의 중직을 맡아 가난한 사람들을 돕고 사회 정의와 국내의 질서, 평화 유지를 위해 온 힘을 기울였다.

당시 국가와 종교의 문제는 점점 더 심각하게 대립되어 갔다. 루터의 '이단'은 여러 형태로 영국을 공격해 왔다. 하지만 모어는 오직 로마 가톨릭 교회의 정통 신앙에만 구원이 있다고 굳게 믿었다. 그는 개인적으로는 관대했지만 국가 전체의 평화와 질서를 위해 '이단' 의 무리를 사형에 처하기를 주저하지 않았다.

루터의 종교 개혁 문제가 점점 치열해지자 로마 교황의 이중성 — 이탈리아라는 작은 나라의 군주이면서 동시에 전 유럽의 주권자라는 사실 — 이 분명해졌다. 모어는 국가적 입장에서는 헨리에게 속해 있었으며 종교적 입장에서는 교황에게 속해 있었다. 헨리가 '신앙의 옹호자' 로서 로마 교황에게 충절을 맹세하고 있던 동안에는 아무런 문제도 없었다. 그러나 헨리의 신앙이 흔들리자 모어의 입장은 난처해졌다.

영국 국왕과 로마 교황 사이에 미묘한 긴장이 생겨난 직접적인 원인은 헨리 8세의 이혼 문제였다. 헨리 8세는 왕비 캐서린과의 결혼을 타당하지 않은 것으로 부정하고, 애정을 느끼고 있던 앤 불린과 결혼하기를 원했다. 그는 모어에게 이 문제에 대한 조언을 구했다. 하지만 모어는 교황이 인정한 헨리와 캐서린과의 결혼을 부정할 수가 없었다. 그래서 모어는 헨리 8세에게 이혼을 정당화할 어떤 근거도 없다고 솔직하게 말했다.

이 무렵 모어는 템스 강가를 거닐다 '세 가지 희망만 이루어지면 포대기에 싸여 이 강물 속에 던져져도 좋다.' 고 사위인 로버에게 말했다고 전해진다. 그 세 가지 희망이란 첫째는 세계의 평화이며, 둘째는 종교의 통일, 셋째는 헨리의 결혼 문제의 해결이었다.

1532년 5월 15일, 마침내 캔터베리(Canterbury) 종교 회의는 헨리를 〈우리의 유일한 수호자, 유일한 최고의 주권자, 기독교 율법이 허용하는 한 우리의 최고의 주(主)〉임을 승인했다. 모어는 다음날로 대법관직을 사임했다.

1533년 5월, 헨리 8세는 캐서린과 이혼하고 앤 불린을 왕비로 맞이했다. 그 대관식(戴冠式)이 웨스트민스터 사원에서 거행되었지만 모어는 그곳에 참석하지 않았다. 이후 모어에 대한 헨리 8세의 복수가 시작되었다.

종교계가 왕 앞에 굴복하자 의회도 왕 앞에 굴복했다. 헨리 8세는 의회로 하여금 왕위 세습령을 통과시키게 하였으며 모어에게 이 법의 선서를 강요했다. 모어는 헨리와 앤 사이에 태어난 자식이 왕위를 계승한다는 것에 대해서는 반대하지 않았지만, 이 법령의 부기(附記)에 교황의 권위를 부정하는 캐서린과의 결혼을 무효로 한다는 조항이 있는 이상 그 법을 그대로 인정할 수는 없었다.

1534년 4월 17일, 토머스 모어는 마침내 대역죄(大逆罪)라는 죄목으로 런던 탑에 갇히게 되었다. 그는 로체스터의 주교인 존 휘셔가 '속인(俗人)인 국왕이 교회의 최고 우두머리가 되는 것'을 끝까지 반대했다는 이유로 단두대에서 사형에 처해진 사실을 알고 있었으며, 또한 수도사들이 같은 이유로 목이 잘리고 사지(四肢)가 절단된 사실도 알고 있었다. 그럼에도 불구하고 그는 취조를 받으면서 침묵을 지키지 않을 수 없었다. 토머스 모어는 세계의 기독교를 대표하여 한 나라 법의 심판대 앞에 서 있었던 것이다.

1535년 7월 6일 이른 아침, 모어는 약 십오 개월 동안의 감옥 생활을 보낸 후 단두대로 천천히 올라가 무릎을 꿇고, '아아, 신이여, 내 안에 깨끗한 마음을 만드시고 내 안의 정직한 영(靈)을 새롭게 하소서. 나를 주 앞에서 내쫓지 마소서.' 라는 시편 51편을 암송했다.

최후의 시각이 되자 모어는 그곳에 모여 있는 사람들을 향해,

"나를 위해 기도해 주시오. 그리고 내가 가톨릭의 신앙을 갖고 그 신앙을 위해 여기서 처형되었다는 사실에 증인이 되어 주시오."

라고 말했다 한다.

유토피아에
대하여

《유토피아》는 토머스 모어가 프랑스와의 무역과 친선을 개선하기 위해 영국 외교 사절의 한 사람으로 플랜더스에 파견되었던 1515년 5월부터 그가 런던으로 돌아와 앤트워프의 에라스무스에게 이 작품을 보냈던 1516년 9월 사이에 쓰인 작품이다. 《유토피아》는 제1권과 제2권으로 이루어져 있는데 그중 제2권은 1515년 모어가 네덜란드에 머무는 동안 씌어졌으며 제 1권은 그가 영국으로 돌아온 후인 1516년에 씌어졌다.

토머스 모어의 《유토피아》는 플라톤의 《국가론》, 아우구스티누스의 《신(神)의 나라》와 함께 이상국(理想國)을 그린 대표적인 작품으로서, 토머스 모어는 《유토피아》에서 그가 살았던 시대의 모든 악(惡), 즉 종교적, 사회적, 정치적 악에 대한 치료법을 철학적으로 제시하고 있다.

《유토피아》는 수많은 나라들을 여행하여 상상력이 풍부했던 여행가 라파엘 히슬로다에우스(Raphael Hythlodaeus)와 저자의 대화 형식으로 된 일종의 사회 비판서이다.

제1권은 비판적인 내용으로서 여기에는 종교개혁 직전인 16세기 초 영국의 사회적 상황이 묘사되어 있다. 모어는 사회악의 근본적인 원인으로 사유 재산(私有財産)의 오용(誤用)에 있다고 생각했다. 당시 영국에서는 교회와 같은 몇몇 권력 있는 단체들이 부(富), 특히 토지를 소유하게 됨으로써 가난한 사람들은 재산과 토지를 잃게 되었으며 실업과 빈곤이 야기되었다. 그로 인하여 도둑, 강도 등의 범죄가 성행하자 국가는 혹독한 법률을 만들어 도둑들을 사형에 처했다. 그래도 가난한 사람들은 생계를 마련할 별다른 길이 없었으므로 범죄는 날로 심해져 갔다.

한편 아무 일도 하지 않으면서 빈둥거리는 귀족계급에 속하는 사람들은 부귀를 누렸고 법률가들은 책략으로 가난한 사람들의 재산을 빼앗았으며 상인들의 윤리는 땅에 떨어졌다. 사회가 이토록 문란한 가운데서도 관리들은 사리사욕을 위해 아첨만을 일삼았으며 궁정의 고문관들은 기회주의자가 되었다.

토머스 모어의 가슴속에는 가난하고 핍박 받는 사람들에 대한 동정과 함께 아첨만을 일삼는 관리들에 대한 경멸과 증오, 그리고 기회주의자들인 궁정의 고문관들에 대한 분노가 치솟았다. 이러한 내용을 담은 제1권에서는 핍박 받는 가난한 사람들에 대한 토머스 모어의 사랑과 더불어 사회적 불합리와 관리들에 대한 비판이 여러 형태로 조명되고 있다.

제2권에서는 제1권과는 다른 형식으로 주류(主流)를 이루고 있는 사랑과 희망이 코믹한 문체로 그려지고 있다. 토머스 모어는 상상 속의 섬인 《유토피아》, 즉 이상 사회의 모습을 그리고 있다. 여기에서는 독재와 사치가 사라지고 사유 재산을 모르며 국가에 유익한 노동은 유일한 직업으로 간주된다. 토머스 모어가 불합리하고 불공정한 사회로 묘사한 제1권에 대비하여 평소에 희망하던 완벽한 이상향(理想鄕)을 그리고 있다.

그는 제2권에서 첫째, 유토피아의 지리적, 경제적, 정치적, 사회적인 면과 둘째, 유토피아의 철학적, 교육적인 면, 셋째, 가정생활, 전쟁, 종교적인 면을 그리고 있으며 넷째, 가장 훌륭한 복지 국가로서의 유토피아에 대해 설명하고 있다.

학식이 많은 사람들이 얼핏 보기에 《유토피아》는 아주 터무니없는 작품으로 보일 것이다. 그렇지만 《유토피아》의 내용이 매우 진실하다는 것을 곧 알게 될 것이다. 공산주의자들의 정전(正典)이 되고, 과거 2세기 동안 사회주의 사상가들과 르네상스(Renaissance)의 기독교 학자들에 의해 공인되었으며 유신론자들, 자연신교(自然神敎) 신봉자들, 무신론자들에 의해 성전(聖典)으로 존경 받는 이 책의 신비한 매력은 무엇일까?

그 본질적 이유는 《유토피아》에 나타난 휴머니즘이라고 할 수 있다. 깊이 음미해 보면 이 책의 휴머니즘은 어떤 특별한 정치 체제와 철학 체제 그리고 종교 제도를 비난하고 있으며, 인간으로서의 인간을 염려하고 있다. 《유토피아》는 인간에 대한 크나큰 이해와 연민을 나타냄으로써 커다란 보편성을 이루고 있는 것이다.

비록 빈곤과 부(富), 노동과 재산, 교육과 건강, 의(衣), 식(食), 주(住) 등 《유토피아》에 나타나 있는 모든 문제들이 공통된 것이며 끊임없이 반복되는 사회적 문제이기는 하지만 《유토피아》는 〈정의와 자제와 장차 닥칠 심판〉을 다루고 있다.

《유토피아》는 인간의 여러 감정들 중에서도 가장 섬세한 두 가지의 감정, 즉 연민과 희망이라는 감정으로 가득 차 있다. 착취당하는 가난한 사람들의 비참함에 대한 동정심은 아무 일도 하지 않고 빈둥거리는 귀족들, 수도사(修道士)들에 대한 분개를 통해 강조되고 있으며, 보다 훌륭한 것에 대한 희망, 즉 자신을 선택된 상태로 만들고 싶다는 희망은 지상(地上)에서 가장 훌륭한 국가 — 유토피아 — 에 대한 묵시적 환상 속에 구체화되어 있다.

비실재적인 이상 안에서 세부적으로 설명되어 있는 이 완전한 국가는, 우리를 현실로부터 분리시키고 미(美)와 선(善)에 대한 묵상 속에서 자신으로부터 우리를 분리시키는 일종의 예술 작품이다. 그와 더불어 새로운 창조 속에 우리들 자신의 경험이 반영되어 있는 한《유토피아》는 감정과 양심을 뒤얽히게 하며, 우리의 새로워진 행위를 정의와 공정과 사랑으로 향하게 한다.

만일《유토피아》속에 명확하게 묘사되어 있는 우리들 자신의 경험을 본다면 우리는 이 책 속에서 저자 자신의 모습 또한 발견할 수 있을 것이다. 실제로 자세히 분석해 보면 토머스 모어는 이 책 속에 자신의 성격, 자전적 내용, 그의 시대 상황 등 놀라울 정도로 자신을 많이 언급하고 있다. 그러면서도 그의 예술과 환상은 삶과 시대를 초월하고 있다.

토머스 모어는《유토피아》에서 라파엘 히슬로다에우스(Raphael Hythlodaeus)라는 훌륭한 인물을 화자(話者)로 내세우고 있으며 그렇게 간접적으로 자신의 정신을 경쾌한 필치로 그려내고 있는 것이다.

《유토피아》는 토머스 모어가 서른일곱 살이라는 젊은 나이에 쓴 책으로 자전적 요소들을 많이 싣고 있다. 그가 태어나고 살았던 런던은 이 책에서 유토피아의 수도 아모로툼(Amaurotum)으로 표현되어 있으며, 옥스퍼드(Oxford) 대학에서의 몇 년 동안의 생활은《유토피아》에서 강연 시작 이전으로 표현되고 있고, 카르투지오(Carthusians) 수도원에서의 생활은 유토피아인들의 신성한 금욕 생활로, 또 법학원에서의 그의 법률 공부와 강의는 변호사와 히슬로다에우스(Hythlodaeus)의 논쟁으로, 시장(市長) 대리로서의 그의 사법적 의무는 유토피아 재판관의 명석한 토론과 판결로, 또 의회에서의 그의 경험은 유토피아의 의회로, 왕의 고문관으로서의 그의 봉사는 두 왕이 주관하는 궁정 회의로, 남편과 아버지로서의 그의 훌륭한 인간관계는 혼전(婚前) 성교와 범죄, 결혼과 이혼, 아이들의 교육, 가장(家長)의 다스림 등에 대한 유토피아인들의 견해로 나타내고 있다.

뿐만 아니라 토머스 모어는 역사적 사건을 간접적으로 묘사하고 있다. 예컨대 국내적 상황에 있어서는 Cornish 폭동(실제로는 Cornwall 지역의 폭동)과 논쟁의 여지가 많은 사유지(私有地)에 관한 법령 등에 대한 언급 등이 그러하다. 또한 국제적 상황에 있어서도 제1권에 나오는 두 번째 궁정 회의란 1494년에 이탈리아를 침략하여 이십 년 동안 유럽을 전쟁터로 만들었던 프랑스 왕 찰스 8세의 야욕을 나타내며, 재물에만 움직이는 스위스인들은 Zapoletans로 풍자하여 정면 공격하고 있다. 그 외에도《유토피아》에는 은밀한 암시가 수없이 많이 있다.

이 작품을 읽음에 있어 독자들은 유토피아인들의 생존의 핵심을 이루고 있는 것은 철학이 아니라 종교 — 〈유토피아〉라는 직물(織物)에 촘촘히 짜여진 종교 — 라는 것과, 유토피아인들은 식량, 옷, 주택과 같은 물질뿐만 아니라 교육, 문화, 철학, 종교 등과 같은 지적, 정신적인 것들도 공동으로 소유하고 있다는 것, 그리고 유토피아인들의 궁극적인 이상(理想)이란 모두가 한마음이 되고 똑같은 생각을 가짐으로써 단일체(單一體)가 되는 것이었음을 염두에 두어야 할 것이다. 공동 소유는 오직 모두가 똑같은 마음, 똑같은 영혼을 지니고 있을 때에만 가능하기 때문이다.

또한 독자들은 이 책이 사회적 풍자 작품이라는 사실을 기억해야 할 것이다.

피터 자일즈에게 보낸
토머스 모어의 편지

친애하는 피터 자일즈 씨,

유토피아 공화국에 대한 이 작은 책자를 이제서야 보내게 되어 부끄럽습니다. 당신은 6주일 이내에 이 책을 받게 될 것이라고 기대하셨을 텐데 거의 1년을 기다리게 했기 때문입니다. 이 책을 보시면 알겠지만 논제(論題)를 마련하는 데 아무런 어려움도 없었으며 라파엘 씨가 우리에게 이야기해 주었던 것들을 단순하게 옮겨 적었을 뿐이라는 것을 발견하셨을 것입니다.

당신께서도 아시는 바와 같이 라파엘 씨의 이야기는 즉석에서 나온 것으로 자신의 의사를 표현하는 데 있어서 아무런 꾸밈도 없었습니다. 또 그의 라틴어는 그리스어만큼 정통해 있지는 않았으므로 그의 이야기는 그다지 세련된 편은 아니었습니다. 그렇지만 그의 소박함에 가까이 접근하면 할수록 나도 그만큼 진실에 다가갈 수 있었습니다. 이 책을 쓰는 것에 있어서 내가 가장 우려하고 걱정해야 할 점은 바로 그 점이었습니다.

친애하는 피터 씨, 이런 모든 것들이 이미 준비되어 있었으므로 내게는 아무런 어려움이 없었으며 할 일도 거의 없었다는 것을 고백합니다. 만일 그렇지 않았다면 자료를 마련하고 정리하는 일은 학식이 매우 높고 재능이 있는 사람이라 할지라도 상당히 많은 시간과 노력을 요했을 것입니다. 또한 내용을 정확하고 수사적(修辭的)으로 써야 했다면 아무리 많은 시간과 노력을 기울여도 이 책을 완성할 수 없었을 것입니다.

그렇지만 내게는 그러한 어려움도 없었습니다. 내가 한 일은 오직 내가 들은 바를 그대로 글로 옮기는 것뿐이었기 때문입니다. 그것은 매우 쉬운 일이었으나 나는 다른 여러 가지 일 때문에 그 책을 완성할 시간이 없었습니다.

그동안 나는 사람들을 위해 변호를 하고 탄원에 귀를 기울이고 중재자(仲裁者)로서 타협을 권하기도 하고 재판관으로서 재판을 하기도 하면서 법정의 일로 쉴 새 없이 바빴으며, 때로는 업무나 혹은 개인적인 일로 사람들을 방문하기도 했습니다. 나는 거의 매일 하루 종일 밖에서 공무를 보았으며 나머지 시간은 가족들과 함께 보냈습니다. 그 때문에 내게는 나의 시간, 즉 이 책을 쓸 시간이 없었던 것입니다.

당신도 아시다시피 집에 돌아오면 아내와 대화를 하고 아이들과 담소를 나누어야 했으며 하인들과 여러 가지 논의를 해야 했습니다. 이 모든 일은 마땅히 내가 해야 할 일이라고 생각합니다. 내가 집안의 이방인이 되지 않기 위해 그것은 꼭 필요한 일이기 때문입니다.

뿐만 아니라 인간은 자기와 함께 사는 사람들 ― 신중하게 선택한 사람들이건 자연이 준 사람들이건 혹은 우연히 자기와 함께 살게 된 사람들이건 ― 에게 가능한 친절해야 합니다. 지나치게 친절하여 그들을 망친다든지 해서 하인들이 주인 위에 올라서지 않는 범위 내에서는 말입니다.

그러는 사이에 날이 가고 달이 가고 해가 바뀌었습니다. 아마도 당신은 이렇게 물을 것입니다. "그렇다면 당신은 언제 이 책을 썼습니까?"라고. 나는 잠자는 시간과 식사 시간 ― 대부분의 사람들은 식사 시간을 잠자는 시간만큼이나 소비하며, 잠자는 데에 인생의 거의 절반이나 소비하지요. ― 에 대해 말씀드리지 않았습니다. 사실 나만의 자유 시간으로 얻은 유일한 시간은 잠자는 시간과 식사하는 시간을 절약한 것입니다. 그렇게 절약한 시간은 얼마 되지 않으므로 이 책을 쓰는 일은 조금씩밖에 진척되지 않았으며, 그 적은 시간들을 이용하여 마침내 《유토피아》를 완성하게 된 것입니다.

친애하는 피터 씨, 이 책을 당신에게 보내드리니 책을 읽어 보시고 내가 혹시 빠뜨린 것이 있다면 알려주시기를 바랍니다. 이 점에 있어서 나 자신을 불신하는 것은 아닙니다만 — 다만 나의 지능과 학문이 기억력에 못지않기를 바랄 뿐입니다. — 그렇다고 내가 모든 것을 빠짐없이 기억한다고 확신할 만큼은 자신이 없기 때문입니다.

당신도 아시는 바와 같이 나의 젊은 조수인 존 클레멘트(John Clement)도 그 당시 우리들의 대화에 동참하고 있었습니다. 나는 유익한 대화에는 항상 그를 동석시키는데, 언젠가는 위대한 업적을 남기리라고 기대될 정도로 그는 이미 그리스 문학과 라틴 문학에 상당한 가능성을 보이고 있습니다. 그러한 그가 어떤 한 문제에 대해 나로 하여금 의혹에 빠지게 만들었습니다.

내 기억으로 라파엘 씨는 아모로툼(Amaurotum)에 있는 애니드루스(Anydrus) 강을 가로지른 다리의 길이가 오백 야드라고 말한 것으로 생각됩니다. 그런데 존은 강의 폭이 삼백 야드를 넘지 못하기 때문에 거기서 이백 야드를 빼야 한다고 말했답니다. 그 강의 너비를 잘 상기해 보십시오. 만일 당신이 그의 말에 동의하신다면 나는 그 견해에 따르고 나의 잘못을 인정하겠습니다. 그렇지만 그 강의 너비가 기억이 나지 않으신다면 이 책에 쓴 오백 야드를 수정하지 않겠습니다. 내 기억으로는 오백 야드로 생각되기 때문입니다.

이 책의 내용 중에 잘못된 부분이 있지나 않을까 나는 매우 우려가 됩니다. 혹시 잘못된 부분이 있다면 그것은 의도적인 거짓말이 아닙니다. 나는 현명한 인간이기보다는 정직한 인간이기를 원합니다. 그러니 당신이 말이나 편지로 라파엘 씨에게 직접 물어보는 것이 가장 손쉬운 해결책이 될 것입니다.

그 밖에 다른 조그만 의혹이 있는 것도 당신이 직접 물어보시지 않으면 안 될 것입니다. 그것이 나나 당신의 잘못이었는지 아니면 라파엘 씨의 잘못이었는지는 모르지만, 우리는 유토피아라는 신세계가 어디에 있는지에 대해 물어볼 생각조차 하지 않았으며 또 라파엘씨도 우리에게 그곳을 말해 줄 생각도 하지 못했습니다.

나는 유토피아의 소재를 알지 못한 것을 매우 애석해 하며, 그곳을 알 수만 있다면 나는 갖고 있는 얼마 안 되는 돈이라도 기꺼이 지불할 것입니다. 그 이유로는 첫째, 내가 그토록 많은 이야기를 하고도 그 섬이 어느 바다에 있는지조차 모르고 있다는 것이 부끄러웠기 때문이며 둘째로는 유토피아에 가보기를 열망하는 영국 사람들이 몇 명 있기 때문입니다.

그중에는 새로운 나라를 보고 싶다는 단순한 호기심에서가 아니라 그 나라에 기독교가 매우 잘 소개되어 있다는 말을 듣고 기독교를 육성하기 위해 그곳에 가기를 열망하는 신학자도 있습니다. 그는 이미 교황의 명을 받아 그곳으로 파견될 결심을 했을 뿐만 아니라 자신의 계획을 실현하기 위해 유토피아의 주교(主敎)로 임명되기를 원하고 있습니다. 그는 주교라는 고위 성직자의 지위를 간청하는 것에 대해 아무런 망설임도 없습니다. 그의 계획은 자신의 이익이나 명예를 위한 것이 아니라 오로지 경건한 신앙에 대한 열정으로부터 생겨난 것이기 때문입니다.

그러므로 친애하는 피터 씨, 가능하다면 직접 라파엘 씨를 만나도 좋고 그렇지 않다면 편지로라도 문의하여 이 저작에 틀림이 없고 오직 올바른 사실만이 기록될 수 있도록 해 주시기를 부탁드립니다. 아마도 라파엘 씨에게 직접 이 책을 보여 주시는 것이 좋을 것 같습니다. 나의 실수를 그분만큼 정확하게 고쳐 줄 수 있는 사람은 아무도 없으며 그분도 이 책을 읽지 않고서는 실수를 바로잡을 수 없을 것이기 때문입니다.

뿐만 아니라 당신이 그분을 만나 이 책을 직접 보여 주신다면 자신의 조사 자료를 가지고 내가 책으로 쓴 데 대한 반응이 어떤지를 살펴볼 수 있을 것입니다. 만약 그분이 조사 자료를 바탕으로 직접 책을 쓸 계획이 있었다면 내가 이 책을 쓴 것을 좋아하지 않으실 것이며, 나 또한 유토피아를 미리 세상에 알림으로써 그분이 쓸 이야기의 매력을 잃게 하고 싶지 않기 때문입니다.

솔직히 말씀드리자면 나는 아직도 이 책을 출판해야 할지 말아야 할지 마음을 정하지 못하고 있습니다. 인간의 성격은 참으로 다양합니다. 어떤 사람은 성격이 너무도 무뚝뚝하고 감사할 줄 모르며 판단을 함에 있어서도 매우 어리석어서, 세상 사람들에게 유익함이나 즐거움을 줄 수 있는 책을 출간하기 위해 고심참담(苦心慘憺)하는데도 감사하는 마음도 은혜도 모릅니다. 그저 관능에 지배되고 육욕에 빠져 쾌락적인 생활을 하면서 자신을 괴롭히는 사람들보다 훨씬 행복하다고 생각할 뿐이지요.

대부분의 독자들은 학문에 대해 잘 알지도 못하면서 경멸합니다. 저열한 사람들은 저열하지 않은 고급한 일들은 모두 외면하며, 고상한 척하는 사람들은 고어(古語)로 포장된 글이 아니면 저속한 것으로 치부해 버립니다. 어떤 사람들은 케케묵은 책들만을 좋아하며 또 어떤 사람들은 같은 시대의 책에만 관심을 갖습니다. 너무 엄격하여 글의 어떠한 유머도 인정하지 않으려는 사람들도 있고 성격이 무미건조하여 재치 있는 글을 견디지 못하는 사람들도 있습니다. 또 어떤 사람들은 너무나도 융통성이 없어 마치 광견병에 걸린 사람이 물을 두려워하듯이 지극히 사소한 풍자도 두려워합니다. 또 어떤 사람들은 변덕이 심하여 시시각각 마음이 변합니다.

　이런 사람들은 술집에 앉아 저자(著者)의 재능에 대해 혹평을 퍼붓습니다. 점잔을 빼면서 자신의 생각이 모두 다 옳다는 듯이 작품 하나하나를 헐뜯으며 저자들을 비난하지요. 마치 레슬링 선수가 상대의 머리카락을 휘어잡듯이 저자의 저작물을 움켜잡고는 내동댕이쳐 버립니다. 그렇지만 정작 그들 자신은 공격당하지 않아 안전합니다. 머리카락이 한 올도 없어서 아무것도 움켜잡을 수 없기 때문입니다.

　뿐만 아니라 감사를 모르는 어떤 독자들은 책을 매우 흥미 있게 읽었더라도 저자에게 아무런 고마움도 느끼지 못합니다. 호화로운 저녁 파티에 초대를 받아 배가 잔뜩 부르도록 식사를 하고 나오면서 초대해 준 주인에게 고맙다는 말 한마디 하지 않는 무례한 손님이나 마찬가지입니다.

　그러므로 이 책을 발간하는 것은 까다로운 식성을 가진 사람들, 각기 다른 식성을 가진 사람들, 감사할 줄 모르는 사람들을 위해 자신의 돈을 들여 향연을 준비하는 것과 같습니다.

어쨌든 피터 씨, 아까 내가 말씀드린 것들을 라파엘 씨를 만나 상의하여 주시기 바랍니다. 그 후에 다시 심사숙고해 보겠습니다. 그렇지만 이미 힘겹게 탈고(脫稿)했으므로 수정을 가하기에는 늦은 셈입니다. 그러니 라파엘 씨가 반대만 하지 않으신다면 발간하는 데 따른 여러 문제는 친구들의 조언을 따르겠습니다. 특히 당신의 조언을 우선 받아들이지요.

나의 가장 친애하는 피터 자일즈 씨, 당신의 훌륭하신 부인과 함께 안녕히 계십시오. 나는 그 어느 때보다도 당신을 흠모하고 있습니다. 제게도 변함없는 애정을 바랍니다.

당신의 친구 토머스 모어

부스레이덴에게 보낸
피터 자일즈의 편지

앤트워프

1516년 11월 1일

친애하는 부스레이덴 씨,

당신의 다정한 친구인 토머스 모어 씨 — 그가 우리 세대의 영예로운
사람 중의 한 사람이라는 데 대해 당신도 동의하실 것입니다. — 내게
유토피아에 관한 책을 보내 왔습니다. 아직 유토피아 섬에 대해 알고
있는 사람들이 거의 없습니다만 이제 많은 사람들이 그 섬에 대해 연구
하고 싶을 것입니다. 플라톤의 〈국가〉에 비견될 만한 유토피아를 특별
한 재능을 가진 저자가 훌륭하게 묘사했기 때문입니다. 유토피아를 우
리들 눈앞에 자세히 그려 놓은 그의 책을 읽고 있으면 모어 씨와 함께
라파엘 씨의 이야기를 들었던 때보다 더욱 생생하게 유토피아를 느끼
게 됩니다.

라파엘 씨는 다른 사람에게서 들은 이야기를 우리에게 전해 준 것이
아니라 그 자신이 오랫동안 살았던 곳에서의 경험한 바를 이야기해 주
었기 때문에 그의 이야기는 참으로 진실했습니다. 그는 율리시즈
(Ulysses)보다 훨씬 더 많은 세계를 보았으며 적어도 최근 팔백 년 동안
그런 사람은 없었을 거라고 장담합니다. 이탈리아 탐험가인 아메리고
베스푸치(Vespucci)[1])도 그에게는 비견될 수 없을 것입니다.

---

1) Amerigo Vespucci(1451년~1512년). 이탈리아의 항해가. 남미를 세 번 탐험했으며
   〈America〉라는 이름은 그의 이름에서 유래한 것임.

또한 그분은 표현력에 있어서 특별한 재능을 가진 것처럼 보였습니다. 우리는 귀로 들은 것보다는 눈으로 직접 본 것을 훨씬 더 생생하게 묘사할 수 있습니다. 그런데 모어 씨의 유토피아에 대한 그림 같은 묘사를 생각하면 내가 실제로 유토피아에 살고 있는 듯한 인상을 받았습니다. 솔직히 말해 라파엘 씨가 직접 그곳에 살면서 5년 동안 보았던 것보다 유토피아에 대한 모어 씨의 서술이 더 상세하다고 확신합니다.

우리는 매 페이지마다 놀라운 일들을 너무나 많이 보게 되어 무엇을 먼저 칭찬하고 무엇을 나중에 감탄해야 할지 모를 지경입니다. 놀라울 만큼 정확한 그의 기억력인지, 아니면 이제까지 잘 알려지지 않은 사회악의 실제적, 잠재적인 원인들을 즉시 파악한 그의 총명함인지, 아니면 다양한 주제들을 그토록 정확하고 세련된 라틴어로 묘사한 그의 문장력인지 말입니다. ― 특히 그가 많은 공무와 집안일로 마음이 어수선한 상태에서 이 책을 썼다는 것을 감안하면 더욱 그러합니다. 그렇지만 이런 것은 당신과 같은 훌륭한 학자들에게는 그다지 놀라운 일이 아니겠지요. 특히 그를 잘 알고 있으며 그의 천재성에 이미 익숙한 당신에게는 더욱더 그러할 것입니다.

모어 씨가 쓴 글에 덧붙일 말은 아무것도 없었습니다. 모어 씨가 떠난 후 라파엘 씨가 우연히 유토피아의 알파벳과 함께 내게 보여 주었던 유토피아 언어로 된 4행의 시구와 난외(欄外)에 몇 개의 주(註)를 덧붙이는 것 이외에는 말입니다.

그 당시 모어 씨는 유토피아 섬의 소재를 알고 싶어 라파엘 씨에게 물었습니다. 그러자 라파엘 씨는 간단하게 지나가는 말처럼 대답했지요.

나중에 자세히 말하려는 듯이 말입니다. 하지만 우리는 그분이 말한 것을 놓치고 말았습니다. 라파엘 씨가 그곳의 위치에 대해 말하기 시작했을 때 하인이 모어 씨에게 다가와 귓속말로 속삭였습니다. 그 때문에 나는 더욱 주의하여 라파엘 씨의 이야기에 귀를 기울였습니다. 그렇지만 결정적인 순간에 그의 동료 중 한 사람이 긴 항해로 감기에 걸려 큰 소리로 기침을 하기 시작했으므로 나는 라파엘 씨의 이야기를 전혀 들을 수가 없었습니다.

하지만 당신에게 유토피아 섬의 정확한 위치와 위도(緯度)를 말씀드릴 수 있게 최대한 노력하겠습니다. 우리의 친구인 라파엘 씨가 아직도 건강하게 생존해 있다면 말입니다. 그에 관한 여러 가지 풍문들이 들렸는데 어떤 사람은 라파엘 씨가 여행 도중 어딘가에서 죽었다고 말하기도 하고 또 어떤 사람은 그의 고국으로 돌아갔다고도 하며, 또 어떤 사람은 그가 유토피아를 그리워하던 끝에 유럽인들의 생활 방식을 견디지 못하고 유토피아로 돌아갔다고 말하기도 합니다.

당신은 왜 유토피아라는 지명이 어떤 지리책에도 없나 이상하게 생각하실 것입니다. 그 이유는 라파엘 씨가 간단히 밝혔습니다.

"고대의 사람들은 그 섬을 다른 이름으로 불렀을지도 모르고 유토피아라는 이름은 들어 본 적이 없었을지도 모릅니다. 옛날 지리책에는 언급되지 않았던 나라들이 오늘날 계속 발견되기도 하니까요."

라고 말했습니다. 그렇지만 모어 씨 같은 권위 있는 분이 나의 말을 뒷받침해 줄 수 있으므로 나의 말을 증명하기 위해 아무런 주장도 할 필요가 없었습니다.

모어 씨가 이 책의 출간을 망설이는 것은 그의 겸손함 때문이라는 사실을 알고 있으며 나는 그의 그런 겸손함을 존경합니다. 그렇지만 이 책은 어떤 이유로든 출간되지 않은 채 오래 묵혀서는 안 되며, 가능한 빨리 당신의 추천을 받아 세계 각국에 공급하여 세상 사람들에게 읽혀야 할 책이라고 생각합니다.

모어 씨의 천재성을 너무도 잘 알고 있고 공직(公職)에서 많은 시간을 보내 현명함과 고결함으로 최고의 존경을 받으며 공공(公共)에게 건전한 사고를 소개할 자격이 있는 사람은 당신밖에 없기 때문입니다. 학문의 크나큰 보호자이시며 이 시대의 영광이신 분이여, 안녕히 계십시오.

당신의 절친한 친구
피터 자일즈

매우 훌륭하고 학식이 높은

런던의 시민이며 주(州) 장관인[1]

토머스 모어(Thomas More)에 의해 공표된,

유토피아라는 최고의 복지 국가를 말한

라파엘 히슬로다에우스(Raphael Hythlodaeus)의

오후 이야기

---

1) 토머스 모어는 1510년 9월 3일 런던시의 시장 대리가 되었다. 이 직책은 죄수들을 재판하고
   감독, 처형하는 중요한 관직이었다.

제 1 권

"존경하는 라파엘 씨,

당신은 분명 돈과 권력에 흥미가 없군요.

세상에서 가장 위대한 왕이라도 지금처럼

당신을 존경할 수는 없을 것입니다.

그런데 당신이 개인적으로 불편함을 감수하고서라도

많은 사람들을 위해 당신의 재능과 정열을 바쳐 헌신하신다면

당신의 철학적인 태도는 찬양받을 것입니다.

그러기 위한 가장 효과적인 방법으로 국왕이나 군주에게

믿을 만한 충신이 되어 그들에게 참으로 훌륭한 충고를 해주는 것이

좋을 것이라고 생각합니다. 국왕이란 샘물과도 같아서

그로부터 끊임없는 은혜의 물줄기나 해악의 물줄기가

모든 국민들 위에 흐르기 때문입니다.

당신은 많은 이론적 지식과 실제적 경험을 갖고 있기 때문에

이상적인 고문관이 되기에 충분합니다."

최근 뛰어난 통치력을 지닌 무적(無敵)의 영국 왕 헨리 8세와 카스틸리아(Castile, 신성로마제국 황제 카를로스 5세)[2]의 찰스 왕 사이에 중대한 교역 문제[3]로 심각한 의견 대립이 있었다. 국왕은 그 문제를 논의하고 최종적인 결정을 내리기 위하여 커스버트 턴스톨(Cuthbert Tunstall, 학자, 성직자)[4]과 나를 사절(使節)로서 플랜더스(Flanders)에 파견했다.

커스버트 턴스톨은 최근에 기록보관관(記錄保管官)에 임명된 나의 친구로서 사람들로부터 호평을 받는 인물이었다. 나는 그의 학식이나 성품에 대해서는 언급을 회피하려 한다. 그것은 내가 그의 친구라는 이유로 호의를 갖고 있다는 오해를 받지 않을까 두려워해서가 아니라, 그의 학식과 도덕적 성품이 너무나 훌륭하여 내가 묘사할 필요가 없을 정도이며 누구나 잘 알고 있는 그의 성품을 굳이 설명할 필요가 없기 때문이다.

우리는 예정대로 브루지(Bruges)에서 카스틸리아의 사절들을 만났다. 그들은 모두 훌륭한 사람들이었으며, 특히 사절 단장은 브루지의 시장(市長)으로서 인품이 매우 고결한 사람이었다. 하지만 거의 모든 교섭과

---

2) 스페인의 중부 지방에 있던 옛 왕국으로, 1479년 아라곤(Aragon) 왕국과 합병하여 스페인 왕국이 되었음.

3) 영국 왕 헨리 8세의 누이동생 메리 공주와 카스틸리아(Castile) 왕국의 찰스 왕자(후에 신성로마제국의 찰스 5세가 됨) 사이에 약혼이 맺어졌다. 그러나 찰스 왕자는 프랑스의 프란시스(Francis) 1세의 딸과(당시 4세였음) 결혼함으로써 동맹을 맺는 것이 자기에게 보다 유익하다고 생각하여 그 약혼을 파기했다. 영국 정부는 이에 대한 보복으로 찰스 왕자가 통치하던 네덜란드에 양털 수출을 전면 금지했다. 그러나 그 결과로 영국의 양털 수출에 나쁜 영향이 야기되었다. 그리하여 영국 정부는 무역 관계를 개선하기 위해 플랜더스로 공사(公使)를 파견했다. 이때(1515년 5월 7일) 파견된 사절이 토머스 모어였으며, 그가 네덜란드에 머무는 6개월 동안 이 책의 제2권을, 제1권은 그가 영국으로 돌아온 후에 썼다.

4) 1474년~1559년. 성직자로서 런던의 주교(主教)이며 모어의 친한 친구였음.

대변(代辯)은 카셀(Cassel)의 수도원장인 조르주 템세크(George Themsecke)에 의해 행해졌다. 그는 타고난 능변가일 뿐만 아니라 법률에 대해서도 조예가 깊었으며, 타고난 성품과 오랜 경험으로 외교에 있어서도 첫 번째로 손꼽히는 사람이었다.

한두 차례의 회담을 가진 후에도 몇 가지 문제점들에 대해 여전히 의견이 일치하지 않자 그들은 왕의 견해를 묻기 위해 브뤼셀로 떠났다.[5] 그동안 나는 개인적인 용무를 위해 앤트워프(Antwerp)[6]로 갔다.

그곳에 머무는 동안 나를 찾는 방문객 몇 사람이 있었는데 그중에서도 나는 피터 자일즈(Peter Giles)[7]라는 젊은이를 가장 좋아했다. 그는 사람들로부터 많은 존경을 받고 있었으며 앤트워프 시의 중요한 지위에 있었다. 사실 그럴 만한 최상의 자격이 그에게는 있었다.

내게 강한 인상을 준 이유가 그의 지적인 면 때문이었는지 아니면 그의 도덕적인 성품 때문이었는지는 잘 모르겠지만 그는 분명 매우 훌륭한 사람이었으며 동시에 뛰어난 학자였다. 그는 모든 사람들에게 공정했으며 친구들에게 늘 친절하고 신의가 있고 우정에 있어서 이보다 깊은 사람은 없을 것이다. 그는 항상 겸손하고 정중했으며 매우 소박했다.

또한 그와의 기지 넘치는 대화도 매우 훌륭했으며 상대방의 감정을 배려하는 섬세함이 있었다. 나는 집을 떠나온 지 4개월 이상이나 되었으므로 영국에 있는 아내와 자식들이 보고 싶었다. 그러한 나의 향수(鄕愁)도

---

5) 찰스 왕은 1515년 7월 23일부터 29일까지 브뤼셀에 머무르고 있었다.
6) 벨기에 북부의 상항(商港)으로, 벨기에의 대표적인 항구임.
7) 1486년~1533년. 앤트워프의 시민으로서 에라스무스(Erasmus)의 제자.

피터와의 즐거운 대화로 크게 줄어들었다.

어느 날 나는 사람들이 많이 찾는 장려(壯麗)한 노트르담(Notre Dame) 성당의 미사에 참석했다. 미사를 마치고 막 숙소로 돌아올 무렵, 우연히 피터 자일즈가 나이 지긋한 외국인과 대화하는 것을 발견했다. 햇볕에 그을린 얼굴에 수염이 길게 자라 있고 코트를 한쪽 어깨에 아무렇게나 걸치고 있는 그의 외모와 옷차림을 보고 나는 그가 선원일 것이라고 판단했다. 그때 피터가 나를 보고는 즉시 내게로 다가와 인사를 했다. 내가 답례도 하기 전에 그는 나를 조금 떨어진 곳으로 데리고 갔다.

"저기 저 사람이 보이시죠?"

그는 함께 대화를 나누고 있던 그 사람을 가리키며 내게 물었다.

"지금 그를 데리고 당신을 방문하려던 참입니다."

"당신의 친구라면 기꺼이 그를 환영하겠소."

하고 나는 대답했다.

"그가 어떤 사람인지를 안다면 당신은 정말로 기뻐할 것입니다. 저 사람처럼 낯선 나라들과 그 나라 사람들에 대해 많은 이야기를 들려줄 수 있는 사람은 없을 겁니다. 당신은 그런 이야기들을 정말로 듣고 싶어할 것입니다."

"그럼 나의 짐작이 그다지 틀리지는 않았군요."

내가 말했다.

"저 사람을 보자마자 선장이 틀림없다고 생각했지요."

"그렇다면 크게 틀리셨습니다."

그가 대답했다.

"팔리누루스(Palinurus, 부주의한 항해 안내인)[8]와 같은 선원이 아닙니다. 그는 율리시즈(Ulysses, 여행을 통해 배우는 사람)[9]나 플라톤(Platon, 배우기 위해 여행하는 사람)에 더 가깝습니다. 우리의 친구인 저 사람은 — 그의 이름은 라파엘 히슬로다에우스(Raphael Hythlodaeus)입니다. — 매우 학식이 많은 사람입니다. 라틴어에 정통할 뿐만 아니라 그리스어 실력은 더욱 뛰어납니다. 철학에 깊은 관심을 갖고 있었기 때문에 그리스어에 더욱 몰두했다고 합니다. 라틴어로 쓰인 작품들 중 세네카(Seneca)나 키케로(Cicero)의 몇몇 작품을 제외하고는 그다지 대수롭지 않은 것들이라고 판단하는 것 같습니다.

그는 온 세상을 보고 싶었답니다. 그래서 고향인 포르투갈에 있는 자기 재산을 형제들에게 모두 나누어 주고는 아메리고 베스푸치(Amerigo Vespucci, 탐험가)[10]의 일행이 되었던 것입니다. 사람들이 많이 읽고 있는 그의 네 편의 항해기(航海記)를 아시지요?

라파엘은 바로 그 네 번의 항해에 아메리고 베스푸치의 일행이었습니다. 그는 마지막 항해에서 고국으로 돌아오지 않았습니다. 아메리고는 그 항해의 가장 멀리 있는 곳[11]에 요새를 건설하고 스물네 명을 남겨 두고 왔는데, 이때 라파엘 씨는 아메리고에게 요청하여 그곳에 남게 되었

---

8) 트로이의 왕자 아이네아스(Aeneas)의 선원, 그는 배의 키(舵)에 기대어 잠을 자다가 바다에 빠졌다. 그리하여 해변으로 헤엄쳐 나왔으나 원주민들에 의해 살해당했다.
9) 트로이 원정에 참가했던 그리스의 영웅.
10) 1451년~1512년. 이탈리아의 항해자. 1497년부터 1504년까지 네 차례의 항해를 했다고 한다.
11) 브라질의 프리오(Frio) 곶(串).

습니다. 그리고 그토록 좋아했던 여행을 만끽할 수 있었습니다.

　그는 어디서 죽건 상관하지 않았습니다. 그는 '매장되지 않은 시체는 하늘에 의해 덮인다.' 그리고 '어느 곳에서든 천국에 이를 수 있다.' 는 신념을 가지고 있었기 때문입니다. 아메리고 베스푸치가 떠난 후 라파엘은 그곳에 남아 있던 사람들 중 다섯 명과 함께 많은 곳을 여행했습니다. 마침내 그들은 천신만고 끝에 실론(Ceylon)에 이르렀으며, 그곳에서 그들은 다시 칼리컷(Calicut)으로 갔다가 운 좋게도 포르투갈의 배를 만나 고국으로 돌아오게 되었던 것입니다."

　"참으로 고맙습니다."

　내가 말했다.

　"그런 분과 대화를 나누는 것은 즐거운 일이지요. 그런 기회를 주신 데 대해 감사드립니다."

　말을 마치고 나는 라파엘에게 다가가 그와 악수를 나누었다. 처음 사람을 소개받을 때 하는 의례적인 몇 마디 인사말을 주고받고는 곧장 나의 숙소로 향했다. 우리는 잔디밭 벤치에 앉아 자유롭게 대화를 나누기 시작했다.

　라파엘은 먼저 아메리고 베스푸치가 떠난 후 자기와 함께 남아 있던 사람들에게 일어났던 일들에 대해 이야기해 주었다. 그들의 정중하고 친절한 태도는 점차 원주민들의 호감을 사기 시작했다. 그들은 곧 안심할 수 있게 되었을 뿐만 아니라 원주민들과 친하게 지내게 되었다. 그들은 특히 어느 군주 — 그의 이름과 국적은 기억에 없지만 — 와 친하게 되었다.

그는 친절하게도 라파엘과 그의 동료 다섯 명에게 여행에 필요한 일체의 식량과 경비뿐만 아니라 보트와 마차도 제공해 주었다. 또한 믿음직한 안내인을 그들에게 붙여 주고 앞으로 방문할 군주들 앞으로 보내는 소개장도 써 주었다. 덕분에 여러 날 동안의 여행 중에 그들은 인구가 많고 매우 훌륭한 정치 체제를 갖춘 몇몇 큰 도시들을 볼 수 있었다.

또한 적도(赤道) 지역에는 끊임없이 작열하는 태양열에 의해 바싹 말라버린 광대한 사막이 있었다. 그곳에서는 모든 것들이 황량하고 처참하게 보였다. 뱀과 맹수들, 그리고 맹수처럼 사납고 위험한 인간들 이외에는 가축도 보이지 않고 농사를 지은 흔적도 없었다. 그러나 좀더 길을 가자 조금씩 나아졌다. 열기도 그보다는 덜 혹독하고 푸른 대지는 온화하며 사람들과 동물들도 훨씬 덜 사나워졌다. 마침내 육로(陸路)나 해로(海路)로 이웃 나라뿐만 아니라 아주 먼 나라들과도 교역을 하는 도시에 이르게 되었다.

"나는 여러 나라를 여행할 수 있었습니다."

라파엘이 말했다.

"나는 무역을 위해 떠나려는 배를 발견할 때마다 나와 동료들을 태워 달라고 간청했으며 그때마다 그들은 우리를 기꺼이 태워 주었기 때문입니다. 우리가 처음 탄 배들은 밑바닥이 평평하고 갈대 잎이나 버드나무를 엮어 만든 돛단배들이었으며, 어떤 배는 가죽으로 만든 돛을 단 것도 있었습니다. 그런데 나중에 탄 배들은 뾰족한 용골(龍骨)과 삼베로 만든 돛을 단 것들로서 우리 유럽의 배들과 비슷했습니다.

선원들은 바람과 조수(潮水)에 대해 잘 알고 있었지만 내가 나침반 사용법을 가르쳐주자 대단한 인기를 얻게 되었습니다. 그들은 나침반을 본 적이 없었으므로 늘 바다를 두려워했으며 여름 외에는 좀처럼 항해하려 하지 않았습니다. 그런데 이제 그들은 나침반을 알고부터 생긴 자신감으로 인하여 겨울철 항해를 두려워하지 않게 되었습니다. 유익한 발명품인 나침반에 대한 그들의 지나친 믿음은 오히려 재앙의 근원으로 만들 위험마저 있었습니다."

라파엘이 우리들에게 해 준 이야기를 여러분에게 모두 반복하려면 너무나 오랜 시간이 걸릴 것이다. 또 그렇게 하는 것이 이 책의 목적도 아니다. 그의 이야기 중 문명화된 나라에서 본 훌륭한 제도 등 유익한 부분에 대해서는 다른 곳에서 언급하겠다. 우리는 그런 유익한 문제들에 초점을 맞추고 그에게 질문했으며 우리의 질문에 기꺼이 대답해 주었다.

우리는 그가 어떤 괴물들을 보았는지에 대해서는 질문하지 않았다. 괴물들에 대해서라면 이미 신기한 이야기가 아니기 때문이었다. 머리가 여섯 개 달렸다는 괴물[12]이나 얼굴과 상체(上體)가 여자이며 날개와 발톱을 가졌다는 반인반조(半人半鳥)의 사나운 괴물[13]이나 사람을 잡아먹는다는 괴물[14] 등에 대한 이야기는 어디에서나 들을 수 있지만 현명한 사회 제도에 대한 이야기는 흔하게 들을 수 있는 것이 아니다.

물론 그는 〈새로운 나라〉에서 비난 받을 만한 것들도 보기는 했지만

---

12) 《오딧세이》에 나오는 괴물.
13) 《아이네아스(Aeneas)》에 나오는 괴물.
14) 《오딧세이》에 나오는 괴물.

유럽 사회를 개혁하는 데 도움이 될 몇 가지 제도도 또한 발견했다. 그러나 이러한 것들에 대해서는 나중에 다른 기회에 언급하기로 하겠다. 여기서는 그가 나에게 들려준 유토피아(Utopia)[15]의 법률과 관습에 대해서만 언급할 생각이다.

나는 먼저 유토피아 공화국에 대해 언급하게 된 사연부터 이야기해야 할 것 같다. 라파엘은 이제까지 지구상에서 저질러져 온 수많은 제도상의 과오들을 자세히 설명하고 나서 보다 훌륭한 형태의 제도에 대해 말했다. 그는 하룻밤을 머물렀던 나라라도 마치 평생을 그곳에서 살아온 사람처럼 그 나라의 관습이나 통치 방식을 자세하게 설명할 수 있었다.

피터 자일즈는 매우 감동되어 말했다.

"존경하는 라파엘 씨, 당신이 어째서 국왕이나 군주의 신하가 되지 않는지 나는 이해할 수가 없습니다. 당신을 환영하지 않을 왕은 하나도 없을 텐데 말입니다. 당신은 당신의 지식과 경험으로 왕을 즐겁게 해 줄 수 있을 뿐만 아니라 국왕에게 유익한 충고를 할 수도 있을 것입니다. 그로 인해 당신은 재산을 모을 수도 있으며 친척들이나 친구들에게도 커다란 도움을 줄 수 있을 것입니다."

라파엘이 대답했다.

"나는 친척들과 친구들에 대해 걱정하지 않습니다. 나는 이미 그들에

---

15) 유토피아(Utopia)는 〈어디에도 존재하지 않는 나라〉라는 뜻으로, 토머스 모어가 그리스어의 Oj (not) 와 TO πor(place)를 합쳐서 조어(造語)한 말이다.

게 내 의무를 다했습니다. 대부분의 사람들은 늙고 병들어 더 이상 매달릴 수 없게 될 때까지 그들의 재산에 집착합니다. 더 이상 재산을 지킬 수 없을 때에야 마지못해 재산을 포기합니다. 그런데 나는 젊고 건강했을 때 이미 모든 재산을 친척들과 친구들에게 나누어 주었습니다. 그것으로 만족했을 테니 내가 국왕의 노예가 되어 자기들의 욕구를 더 충족시켜 주기를 기대하지는 않을 겁니다."

그러자 피터는 심각한 어조로 해명을 했다.

"아, 용서하십시오! 내가 말하려는 것은 국왕의 노예가 되라는 것이 아니라 봉사하고 도움을 주라는 것입니다."

라파엘이 말했다.

"결국 마찬가지 의미입니다."

"내 생각으로는 그것이 다른 사람들을 도울 수 있는 최선의 방법이며 동시에 사적(私的)으로나 공적(公的)으로나 당신의 삶을 보다 즐거운 것으로 만드는 방법이라고 보았습니다."

"나의 본성에 어긋나는 행위로 어떻게 삶을 즐거운 것으로 만들 수 있겠습니까? 지금 나는 나의 본성이 원하는 대로 살고 있습니다. 궁정의 고관대작들도 나보다 더 만족스러운 생활을 하고 있다고 생각하지 않습니다. 뿐만 아니라 왕들 곁에는 왕의 총애를 다투는 사람들이 모여 있으니 나 같은 사람이 없어도 별문제는 없을 것입니다."

이 때 내가 — 토머스 모어 — 끼어들며 말했다.

"존경하는 라파엘 씨, 당신은 확실히 돈과 권력에 흥미가 없군요. 세상에서 가장 위대한 왕이라도 당신처럼 존경할 수는 없을 것입니다. 하지만 개인적인 불편함을 감수하고서라도 많은 사람들을 위해 당신의 재능과 정열을 바쳐 헌신하신다면 당신의 철학적인 태도는 찬양받을 것입니다. 그러려면 가장 효과적인 방법으로서 국왕이나 군주에게 믿을 만한 충신이 되어 그들에게 훌륭한 충고를 해 주는 것이 좋을 것 같습니다. 국왕이란 샘물과도 같아서 그로부터 끊임없는 은혜의 물줄기나 해악의 물줄기가 모든 국민들 위에 흐르기 때문입니다. 당신은 이론적 지식과 실제적 경험이 많기 때문에 이상적인 고문관이 되기에 충분합니다."

그러자 라파엘이 겸손하게 반대 의견을 말했다.

"친애하는 모어 씨, 나와 그리고 일 자체에 대한 당신의 견해는 매우 잘못되었습니다. 나는 당신이 생각하는 것처럼 그렇게 훌륭한 자격을 갖춘 사람이 아닙니다. 설사 내가 그런 능력이 있는 사람이라서 필요로 하지도 않는 수많은 일거리에 나 자신을 바쳐 사회를 위해 일한다 하더라도 아주 작은 선(善)도 행할 수 없을 것입니다.

왜냐하면 대부분의 왕들은 태평성대를 위한 지혜보다는 내가 잘 알지 못하고 또 알고 싶지도 않은 전쟁의 지식에 더 관심이 많기 때문입니다. 그들은 자신의 왕국을 잘 다스리려 하기보다는 수단과 방법을 가리지 않고 새로운 왕국들을 얻으려고 혈안이 되어 있습니다.

게다가 고문관들은 모두 제 딴에는 너무나 현명하고 자만심이 강해서 다른 사람의 충고는 필요로 하지 않습니다. 왕의 총애를 받는 사람들한 테는 바보 같은 제안이라도 동의하는 등 기꺼이 아첨하면서도 말입니다. 결국 사람들은 자신의 소산물이 가장 훌륭하다고 생각하는 것이 인간의 본성입니다. 마치 까마귀나 원숭이가 자기의 새끼들을 가장 아름답다고 생각하듯이 말입니다.

다른 사람들의 의견은 무조건 시기하고 자신만이 옳다고 생각하는 사람들 사이에서 누군가가 책에서 얻은 지식이나 체험을 통해 얻은 지혜를 제안한다면 어떻게 될까요? 아마 그들은 자신의 명성이 손상되기라도 하는 것처럼 생각할 것이며 게다가 그의 훌륭한 제안에 반박하지 못하면 남은 일생 동안 바보 취급을 받게 되기라도 하는 것처럼 행동하겠죠.

그들의 반박이 실패하게 되면 '이것은 우리 조상들의 관습이었오. 누가 감히 조상들의 지혜를 의심할 수 있겠습니까?'라는 말로 자기 자신을 비호(庇護)할 것입니다. 그리고 그 문제에 대해 최종 결정을 내린 듯한 태도로 등을 돌려 버리지요. 마치 조상들보다 더 현명해지는 것은 큰 재앙이기라도 하다는 듯이 말입니다.

우리는 가끔 조상들의 훌륭한 지혜에 대해서는 반박하려 하면서도 조상들의 열등한 판단에 대해서만은 결사적으로 그것을 고수하려 합니다. 나는 이러한 기만적이고 어리석고 불합리한 일을 여러 곳에서 보았습니다. 심지어 영국에서조차도 본 적이 있답니다."

그러자 나는 이렇게 물었다.

"정말입니까? 그럼 당신은 나의 나라에도 가본 적이 있다는 말입니까?"

"그렇습니다. 그곳에서 몇 개월 있었지요. 서쪽의 시민들이 왕정에 대해 반란(콘월 지역의 조세 수탈 반란)[16]을 일으켰다가 무참하게 학살되면서 진압된 지 얼마 후였습니다. 내가 그곳에 머무르는 동안 당시 캔터베리(Canterbury)의 대주교(大主敎)이며 대법관(大法官)이기도 한 존 모턴(John Morton, 고위성직자, 정치인, 모어의 스승)[17] 추기경으로부터 많은 친절을 받았습니다.

모어 씨는 그를 잘 알고 있을 테니 내 이야기가 신기한 것이 아닐 것입니다. 피터 씨, 당신에게는 그에 대한 이야기를 들려주고 싶군요. 그는 권위에 의해서뿐만 아니라 현명함과 덕망(德望)에 의해서도 존경을 받을 만한 분이었습니다. 보통의 체격에 나이가 고령(高齡)임에도 불구하고 그다지 늙어 보이지 않았습니다. 두려움보다는 존경심을 불러일으키는 모습으로 대화를 나눌 때에는 진실하고 근엄하면서도 쾌활했습니다.

그분은 일자리를 부탁하러 온 사람들에게 그들이 어떤 부류의 사람들인가를 알고 싶어 악의는 없지만 거친 태도로 시험하기를 좋아했지요. 오만하지 않고 신중한 사람들만이 공공(公共)을 위한 일에 적합하다고 생각했기 때문인 것 같습니다. 그는 법률에 관한 해박한 지식을 갖고 있었으며 능변가(能辯家)였습니다. 또한 그는 매우 훌륭한 지성과 뛰어난 기억력을 갖고 있었습니다. 천부적인 능력을 자기 수련을 통해 더욱 키워 나갔던 것입니다.

---

16) 1497년 콘월(Cornwall) 지방의 사람들이 일으킨 반란. 그들은 스코틀랜드의 침략을 위해 부과된 과중한 세금에 대항하여 반란을 일으켰다. 콘월 지방의 15,000명이 정부군과 싸웠으나 패배했다. 그들 중 2,000명이 그 싸움에서 죽었다.
17) 1420년~ 1500년. 영국의 성직자. 토머스 모어는 소년 시절 한때를 그의 집에서 보냈다.

왕은 그의 판단을 매우 신뢰했으며, 내가 그곳에 머무는 동안에도 나라 전체가 그에 의해 움직이는 것처럼 보였습니다. 그것은 놀라운 일이 아니죠. 대학을 졸업하자마자 어린 나이에 궁정에 들어가 수많은 역경과 위험을 통해 지혜를 배우며 일생을 공무(公務)에 바쳐 왔기 때문입니다. 그렇게 습득한 지혜는 쉽게 잊히지 않는 법이지요.

어느 날 나는 우연히 그와 함께 식사를 하게 되었는데 그 자리에는 영국인 변호사도 함께 있었습니다. 우리가 어쩌다 그 주제를 이야기하게 되었는지는 기억이 잘 나지 않지만, 어쨌든 그는 그 당시 도둑에게 가해지던 가혹한 형벌을 옹호하는 이야기를 시작하더군요.”

변호사는 이렇게 말했습니다.

“도둑들은 도처에서 교수형에 처해지고 있습니다. 나는 한 교수대(絞首臺)에서 이십 명이나 되는 도둑들이 한꺼번에 처형되는 것을 본 적이 있습니다. 도둑질을 하다 잡혀오면 교수형을 면할 길이 없는데도 어째서 우리는 여전히 그토록 많은 강도들한테 괴로움을 당해야 하는지 나는 이해할 수가 없습니다.”

그때 나는 추기경 앞에서 조금도 망설이지 않고 말했습니다.

“그것은 조금도 이상한 일이 아닙니다. 도둑에 대한 그런 식의 처벌 방법은 정당하지도 않고 사회적으로도 바람직하지 않기 때문입니다. 처벌치고는 너무 가혹한 형벌이며 예방책으로서도 교수형은 비효과적인 방법입니다. 좀도둑은 사형이라는 중벌에 처해질 만큼 큰 범죄가 아니며, 도둑질 말고는 빵을 얻을 수 없는 사람들에게는 아무리 심한 형벌을 가하더라도 도둑질을 막을 수는 없습니다.

그런 점에 있어서만큼은 당신네 영국 사람들뿐만 아니라 대부분의 다른 나라 사람들도 마찬가지로 학생들을 가르치기보다는 벌 주기를 좋아하는 무능한 선생을 상기시킵니다. 배고픈 사람들에게 가혹한 형벌 대신 생계 수단을 제공해 주는 것이 훨씬 더 바람직한 방법입니다. 그렇게만 된다면 아무도 도둑질을 하다 교수대의 시체가 되려고 하지 않을 것입니다."

그러자 변호사는,

"여러 가지 직업이 이미 마련되어 있습니다. 수공업도 있고 농업도 있으니 원하기만 한다면 그들은 정당한 방법으로 생계를 얻을 수 있을 것입니다. 그런데도 그들은 범죄를 저지릅니다."

라고 말했습니다.

"그것만으로는 충분하지 않습니다. 외국과의 전쟁이나 내란에서 다리를 잃고 불구가 된 병사의 경우는 예외로 합시다. 그러나 콘월(Cornwall) 시민들의 반란 사건이나 얼마 전 프랑스와의 전쟁[18]에서 왕과 국가를 위해 싸우다 불구자가 된 사람들은 예전의 직업으로 돌아갈 수 없으며 너무 늙어 새로운 직업을 구할 수도 없습니다. 전쟁은 드물게 일어나는 현상이니 그들에 대해서도 예외로 하고 매일 일어나는 일들에 대해 생각해 보기로 합시다.

먼저 수벌들처럼 빈둥거리며 다른 사람들의 노동에 의존하여 먹고 사는 수많은 귀족들이 있습니다. 그들은 끊임없이 소작료를 올림으로써

---

18) 1492년 10월, 영국 군대는 프랑스를 침략했다.

소작인들의 피를 빨아먹으며 살아가고 있습니다. 그들이 알고 있는 경제적 능력은 그것뿐입니다. 소작인들이 없다면 곧 거지가 되어 버릴 정도로 그들은 사치스럽게 생활하고 있지요.

게다가 자신들과 마찬가지로 빈둥거리면서 생계를 이어갈 다른 일은 아무것도 배운 적이 없는 수많은 식객(食客)들을 거느리고 있습니다. 식객은 주인이 죽거나 자신이 병들면 즉시 쫓겨납니다. 귀족들은 병든 자보다는 게으른 자에게 훨씬 더 동정적이며, 또 귀족들의 상속자들은 죽은 그의 아버지만큼 많은 식객들을 부양할 능력이 없는 경우도 있기 때문입니다.

그렇게 쫓겨난 그들은 도적질을 하지 않으면 굶어 죽게 됩니다. 그들이 도적질 이외에 무엇을 할 수 있겠습니까? 방랑 생활로 옷은 누더기가 되고 몸은 피폐(疲弊)해진 그런 몰골을 고용하려고 할 사람은 아무도 없으며 농부들조차도 그들을 받아들이려 하지 않습니다. 사치에 빠져 빈둥거리며 칼과 방패를 들고 거들먹거리면서 이웃 사람들을 업신여기던 사람들이 몇 푼 안 되는 돈을 손에 넣기 위해 삽과 곡괭이를 들고 일하기에는 적합하지 않다는 것을 농부들은 잘 알고 있기 때문입니다."

"그렇지만 그들이야말로 우리가 보호해 주어야 할 사람들입니다."

변호사가 반박했습니다.

"전시(戰時)에 군대의 힘이 되는 것은 바로 그들입니다. 일꾼들이나 농부들보다 더 훌륭한 정신을 갖고 있으며 씩씩하기 때문이죠."

그래서 나는 대답했습니다.

"당신의 말씀은 전쟁을 위해 도둑놈들을 보호해야 한다는 말이나 마찬가지입니다. 그런 사람들을 거느리고 있는 한 당신들은 결코 도둑놈들을 줄이지 못할 것입니다. 물론 당신의 말은 옳습니다. 도둑놈들은 훌륭한 군인이 될 수 있으며 또한 군인들은 대단한 도둑놈들이 될 수 있습니다. 이 둘 사이에는 많은 공통점이 있죠. 그런 사람들을 많이 거느리고 있는 것은 꼭 당신들에게만 국한된 문제는 아닙니다. 거의 모든 나라에 널리 만연하고 있습니다.

예를 들어 프랑스에서는 영국보다 훨씬 더 심하여 큰 고통을 겪고 있습니다. 그곳은 평화 시에도 빈둥거리는 용병들이 온 나라를 뒤덮고 있습니다. 당신들이 생각하는 것처럼 빈둥거리는 자들을 보호하는 것이 유익한 일이라고 프랑스는 판단한 모양입니다. 전문가들은 강력하고 믿음직스러운 군대가 있어야 사회의 안정이 가능하다고 생각합니다. 그들은 전쟁 경험이 없는 사람들은 신뢰하지 않기 때문에 군사 훈련을 시키고 경험을 쌓도록 늘 전쟁을 일으키기 위한 구실을 찾게 되었습니다. '훈련을 계속하지 않으면 마음과 몸이 무디어진다.' 는 살루스티우스[19]의 말을 실행하고 있는 것이지요.

하지만 프랑스는 뼈서린 경험을 겪고 나서야 게으르고 사나운 야수 같은 수많은 사람들을 거느린다는 것이 얼마나 위험한 일인가를 알게 되었습니다. 로마, 카르타고, 시리아 등 많은 나라들도 상비군(常備軍)을 거느린다는 것이 얼마나 위험한 일인가를 증명해 주고 있습니다. 상비군 때문에 이들의 도시뿐만 아니라 정부까지 황폐해졌으니까요.

---

19) B.C. 86년~ B.C. 34년. 로마의 역사가.

상비군을 계속 유지하고 있어도 별 효용이 없습니다. 어릴 때부터 군사 훈련을 받아 온 프랑스 상비군들이 전시(戰時)에 징집된 영국 군인들보다 더 훌륭하다고 뽐낼 수 없다는 사실만 보아도 증명됩니다. 영국 사람들 앞에서 아첨하는 것처럼 보일까 봐 더 이상 말하지 않겠습니다.

어쨌든 당신네 영국의 도시 노동자들이나 시골의 무식한 농부들은 귀족들이 거느리고 있는 게으른 상비군들을 그다지 두려워하지 않는 것처럼 보입니다. 육체적으로 약하거나 정신적으로 가족을 부양할 능력이 부족하거나 하지 않는 한 말입니다. 귀족들이 거느리고 싶은 사람들은 건강하고 힘센 사람들일 것입니다만 게으르고 나약한 생활 때문에 금방 무기력해질 것입니다. 이런 사람들이 정당한 직업으로 생계를 위해 돈을 벌고 남성적인 일을 하는 데 익숙해진다면 그들이 남성다움을 잃지 않을까 걱정할 필요는 없습니다.

어쨌든 전쟁에 대비하는 것이 어떻게 국민의 이익이 되는지 이해할 수 없습니다. 전쟁은 당신들이 원하지 않는 한 일어나지 않습니다. 그런데도 당신들은 전쟁보다 훨씬 더 중요한 평화를 어지럽히는 자들을 수 없이 많이 거느리고 있습니다. 그런데 사람들로 하여금 도둑질을 하게 하는 원인이 그것만은 아닙니다. 당신네 영국에만 해당되는 원인이 따로 있습니다."

"그것이 무엇입니까?"

추기경이 묻더군요.

"당신들 나라의 양(羊) 때문입니다."

나는 그에게 대답했습니다.

"약간의 먹이로도 충분했던 온순한 양들이 욕심 많고 난폭해져 사람까지 잡아먹는 동물로 변하고 말았습니다. 양들은 들판과 마을 등 모든 곳을 짓밟고 있습니다. 다시 말해 품질이 좋고 값비싼 양모가 생산되는 지역의 귀족들은 물론 몇몇 성직자들까지도 토지에서 나오는 소작료(小作料)만으로는 만족할 수 없게 되었습니다.

그동안의 나태하고 사치스러운 생활만으로도 부족한 그들은 한 치의 농경지(農耕地)도 남기지 않고 목축을 위해 모든 토지에 울타리를 치고 목장을 만들었습니다. 심지어 양들의 우리를 만드려고 교회를 제외한 집과 마을을 모두 부숴버렸으며 이미 황폐화시킨 땅만으로는 충분치 않다는 듯이 지금도 마을과 농경지들을 파괴하고 있습니다. 토지에 대한 그들의 탐욕은 마치 전염병처럼 들판들을 차례로 집어삼키며 수천 에이커(acre)의 땅에 울타리를 치고 있습니다.

그 결과 농부들은 그들의 교묘한 술책에 걸려 속아 넘어가거나 끊임없는 괴롭힘을 견디다 못해 어쩔 수 없이 농경지를 팔고 그곳에서 쫓겨나고 맙니다. 그리하여 그 불쌍한 사람들 — 남녀노소, 남편과 아내, 고아들과 과부들, 어린아이 딸린 부모들, 많은 식구를 거느린 가난한 가장(家長)들 — 은 정든 집에서 쫓겨나 살 곳을 찾아 떠나지만 달리 갈 곳이 없습니다. 몇 푼 되지도 않은 가재도구를 살 사람을 기다릴 여유가 있어도 내쫓기는 형편이라 헐값에 팔 수밖에 없습니다.

이리저리 돌아다니는 중에 몇 푼 안 되는 돈을 다 쓰고 나면 그들은 도둑질을 하다 잡혀 결국 교수형에 처해지거나 혹은 떠돌아다니며 구걸을 하게 됩니다. 부랑자가 되어 구걸을 하면 게으르다는 이유로 체포되어 감옥에 갇히게 됩니다. 일을 하고 싶어하는 그들에게 일자리를 주는 사람은 아무도 없으면서 말입니다.

여태까지 농사일만 했던 그들이지만 남아 있는 농경지가 없기 때문에 농사를 지을 수도 없습니다. 경작과 수확을 위해 많은 일손을 필요로 했던 농경지들이 목장으로 변하여 양을 돌보는 목동 한 명만을 필요로 하기 때문이지요. 이러한 현상이 일어난 결과 대부분의 지역에서는 곡식 값이 치솟았습니다.

그런데 양모 값도 뒤따라 치솟았기 때문에 가난한 사람들은 양모를 살 수 없게 되었습니다. 그래서 양모를 사다 옷감 만드는 일을 했던 수많은 사람들이 일거리를 잃고 빈둥거리게 되었습니다. 양모 값이 치솟은 또 하나의 이유는 목장 수가 엄청나게 증가한 후 양들 사이에 전염병이 퍼져 수많은 양들이 죽은 것입니다. 전염병은 마치 하느님이 목장 주인들의 탐욕을 벌하기라도 하듯이 퍼져 나갔습니다. 그보다는 전염병을 목장 주인의 머리 위에 내려 주시는 편이 훨씬 더 합당한 일이었을 것입니다!

그런데 양들의 수효가 아무리 증가한다 해도 양모 값은 내리지 않았을 겁니다. 양모를 파는 사람이 한 사람은 아니기 때문에 독점(獨占)이라고는 할 수 없지만, 부유한 극소수의 사람들 수중에 들어간 양모는 그들이 요구하는 값을 받기 전에는 팔려고 하지 않기 때문입니다.

이와 똑같은 이유로 많은 지역에서 소의 값 역시 그보다 더 치솟고 있습니다. 즉 농장들이 사라지고 농부가 줄어들자 소를 기르려는 사람도 줄어들게 되었습니다. 부유한 목장주는 송아지를 키우려 하지 않고 야원 값싼 소들을 사다가 목장에서 살찌운 다음 비싼 값으로 되팝니다. 그러나 아직은 이런 구조의 해악이 피부에 와 닿지는 않을 것입니다. 여태까지는 소를 거래하는 중개인들이 값을 올린다든가 소의 공급이 부족하다든가 하는 것은 가축 시장의 일이었기 때문입니다.

그런데 부유한 자들이 야윈 소들을 사들이는 수가 번식되는 수보다 많으면 공급이 수요를 따르지 못해 결국 전국 각지에서 소의 부족을 느끼게 될 것입니다. 그리하여 한때 당신들의 영국을 행복하게 만들어 주었던 목축업은 극소수의 탐욕스러운 사람들로 인해 나라의 재앙으로 변하게 됩니다.

부자들이 시종들을 해고하려는 것도 곡식 값이 비싸졌기 때문입니다. 그들의 해고는 필연적으로 거지나 도둑이 되는 것을 의미합니다. 이런 비참한 궁핍과 빈곤 속에서도 당신네 영국 사람들은 사치를 추구하고 있습니다. 모든 계층의 사람들이 — 귀족의 시종들뿐만 아니라 노동자들, 대부분의 농부들까지도 — 화려한 옷과 호화스러운 음식을 탐하고 있으며 거리에는 수많은 음식점, 술집, 매음굴 등이 있으며 주사위 놀이, 카드 놀이 등 온갖 도박 행위가 성행하고 있습니다. 도박은 그들의 지갑을 비우고 곧 도둑으로 만들지요.

이러한 파멸적인 해악들을 제거하십시오. 농장과 마을을 황폐화시킨 사람들로 하여금 다시 원상태로 복구하든지 아니면 농장으로 복구하기를 원하는 사람들에게 토지를 넘겨주는 법을 만드십시오. 부유한 자들이 시장을 독점하지 못하도록 하고 하는 일 없이 빈둥거리는 사람들의 수를 줄이십시오. 농업과 양모(羊毛) 산업을 부활시켜야 합니다. 그렇게 하여 나태와 가난으로 인해 도둑이 된 자들과 머지않아 도둑이 될 수밖에 없는 자들로 하여금 떳떳한 일에 종사하게 하십시오.

이러한 비행(非行)과 악행(惡行)들에 대한 아무런 대책도 없이 도둑들만 엄벌하는 것은 정당하지 못한 일입니다. 그러한 처벌은 정의나 사회의 이익을 위한 것이라기보다는 전시 효과(展示效果)를 위한 것이기 때문입니다. 어린 시절부터 교육을 잘못 하여 타락과 부패의 습관을 방치한 채 올바르지 못한 사람으로 성장하도록 해 놓고는 어른이 된 후 나쁜 짓을 했다고 처벌하는 것은, 도둑놈이 되도록 교육시켜 놓고는 도둑질을 했다고 처벌하는 것과 무엇이 다르겠습니까?'

내가 이렇게 말하고 있는 동안 변호사는 반박할 준비를 하고 있었습니다. 그는 대꾸하기보다는 말을 반복하면서 반박하는 타입이었습니다. 그런 사람들은 자신의 기억력을 매우 높이 평가하지요.

"훌륭한 말씀이십니다."

그가 말했습니다.

"특히 외국인으로서는 말입니다. 그러나 당신의 말씀은 영국에 대한 정확한 정보에서 나온 것이 아니라 다른 사람들에게서 들은 말들을 옮긴 데 지나지 않습니다. 제가 당신의 말씀에 대해 하나하나 명백하게 설명해 드리겠습니다. 먼저 말씀하신 순서대로 자세히 설명해 드린 다음 당신이 영국에 대해 잘못 이해하고 계신 점들을 지적해 드리겠습니다. 우선 나는 당신이 네 가지 잘못을……."

"잠깐만!"

추기경이 그의 말을 가로막았습니다.

"당신의 서론(緒論)을 들어보니 대답이 길어지겠군. 그러니 당신의 대답은 다음 회합 때 듣기로 하는 게 어떻겠소? 당신과 라파엘 씨 두 분 다 시간이 괜찮다면 내일 또 만나기로 합시다. 그런데 친애하는 라파엘 씨, 왜 당신이 도둑들을 사형에 처하는 것에 반대하시는지, 그리고 공익을 위해 도둑들에게 보다 바람직한 처벌은 무엇인지 듣고 싶습니다. 설마 도둑들을 처벌해서는 안 된다고 생각하지는 않겠지요. 사형이라는 처벌로도 사람들의 악행을 막을 수가 없는데 도대체 어떤 처벌이 좋을까요? 아무리 큰 도둑질을 하더라도 사형당하지 않는다면 도둑은 없어지지 않을 것이며 처벌을 가볍게 하면 죄를 저지르도록 부추기는 꼴이 될 겁니다."

나는 추기경의 말에 이렇게 대답했습니다.

"존경하는 추기경님, 다른 사람의 돈을 훔쳤다고 해서 그 사람의 생명을 빼앗는다는 것은 매우 부당한 일이라고 생각합니다. 아무리 많은 재물이라 하더라도 한 인간의 생명에 비할 수는 없습니다. 도둑이 돈을 훔친 죄 때문이 아니라 정의를 거스른 죄와 법률을 위반한 죄 때문에 사형당하는 것이라고 한다면 그 절대적인 정의는 부정(不正)일 것입니다. 우리는 사소한 불복종을 사형으로 처벌하는 혹독한 법은 인정할 수 없으며, 또 경중이 다른 살인자와 도둑을 구별하지 않고 범죄는 다 똑같다는 스토아(Stoa) 학파의 역설(逆說)[20]에 기반을 둔 법 조항도 인정할 수 없습니다.

---

20) 스토아 학파는 「모든 죄는 동등하다」고 주장했다.

하느님께서는 '너희는 살인하지 말라.'고 말씀하셨습니다. 그런데 다른 사람의 돈을 훔쳤다고 그 사람을 죽이는 것이 과연 정당한 일일까요? 만일 '살인하지 말라.'는 하느님의 율법이 살인을 정당화하는 곳에 적용되지 않는다면 인간은 간음, 강탈, 위증(僞證) 등과 같은 것들도 얼마든지 정당화할 수 있을 것입니다. 그런데 하느님께서는 인간에게 다른 사람을 죽일 권리뿐만 아니라 자기 자신을 죽일 권리까지도 박탈하셨습니다.

만일 하느님의 율법에 금지되어 있는 살인을 행하는 자들, 즉 사형 집행인들의 살인 행위가 인간의 법률에 의해 살인을 허락하여 그들에게는 하느님의 율법이 적용되지 않는다면, 하느님의 율법은 인간이 정하는 법률의 범위 내에서만 유효합니다. 만일 그렇게 된다면 인간은 모든 일에 있어서 하느님의 율법을 어느 정도 지켜야 할 것인가를 일일이 결정해야 할 것입니다.

노예들이나 다루기 힘든 고약한 자들을 다스리기 위해 제정되었던 엄격한 모세(Moses)의 율법에서도 도둑놈들을 사형으로 처벌하지 않고 벌금형에 처했습니다. 하느님께서 우리에게 자비로움이 담긴 새로운 율법을 주셨는데도 인간들이 서로에게 잔인해도 된다는 특권을 주신 것으로 생각해서는 안 됩니다. 이상에서 말씀드린 것이 내가 사형을 정당한 것으로 생각하지 않는 이유입니다.

또한 사람들은 살인과 도둑질의 죄의 경중(輕重)을 따지지 않고 똑같이 무거운 벌로 다스린다는 것이 사회의 안녕을 위해 얼마나 유해하고 불합리한 일인가를 잘 알고 있습니다. 발각되면 살인자와 똑같은 처벌을 받게 된다는 것을 알기 때문에 도둑들은 돈만을 훔치려다가도 목격한 사람들까지도 죽여서 자신의 안전을 꾀하려 합니다. 지나치게 가혹한 형벌을 내림으로써 두려움을 주려는 우리의 노력은 오히려 죄 없는 시민들을 죽이게 하는 결과를 만들고 있습니다.

그리고 '어떤 처벌이 보다 훌륭한 처벌인가?' 하는 질문에 대답하는 것이 '어떤 처벌이 보다 나쁜 처벌인가?' 하는 질문에 대답하는 것보다 훨씬 더 쉽다고 생각합니다. 우리가 알고 있는 바와 같이 사회 복지 면에 있어서 매우 노련했던 고대 로마 사람들의 범죄자들에게 부과했던 형벌 제도가 훌륭한 것이었다는 것은 의심할 여지가 없습니다. 로마인들은 무거운 죄를 지은 범죄자들을 쇠고랑에 채워 광산(鑛山)이나 채석장(採石場)으로 보냈었죠.

그런데 내가 아는 가장 훌륭한 형벌 제도는 페르시아를 여행할 때 폴리레라이트(Polylerites, 가상의 민족)라고 불리는 지역에서 본 제도입니다. 폴리레라이트는 많은 인구를 가진 나라로서 페르시아 왕에게 매년 조공(朝貢)을 바쳐야 하는 것을 제외하고는 아주 훌륭하고도 완벽한 자율적 사회 제도를 갖춘 나라입니다.

그들은 바다로부터 멀리 떨어져 있고 산맥들로 둘러싸여 있으며 기름진 땅으로 자급자족(自給自足)할 수 있기 때문에 외국과 접촉할 일이 거의 없습니다. 영토를 확장할 필요를 느끼지 못하며 페르시아 왕에게 바치는 조공 때문도 있지만 나라를 둘러싸고 있는 산맥들에 의해 외부의 침략으로부터 보호를 받고 있습니다. 그 때문에 군대를 거느릴 필요가 없어 호화스럽지는 않지만 안락한 생활을 누리고 있으며, 명성이나 영예는 없더라도 행복한 생활을 하고 있습니다. 그 나라에 인접한 나라의 사람들 이외에는 아무도 그 나라 이름조차 들어본 적이 없을 것입니다.

그런데 이 나라에서는 도둑질을 하다 잡힌 사람은 훔친 돈을 주인에게 되돌려 주기만 하면 됩니다. 대부분의 다른 나라에서처럼 왕에게 바치는 것이 아니지요. 그 나라 사람들은 도둑이 훔친 돈을 소유할 권리가 없듯이 왕 역시 그 돈을 소유할 권리가 없다고 생각하기 때문입니다. 만일 도둑질한 사람이 이미 훔친 돈을 갖고 있지 않은 경우에는 그에 상당하는 돈을 그의 재산에서 변상하게 하고 남은 재산은 그의 아내와 자식들에게 양도됩니다. 그리고 도둑질한 사람은 노역(勞役) 판결을 받습니다.

하지만 흉악무도한 강도를 제외하고는 감옥에 가두거나 쇠고랑으로 채우지 않고 자유로운 몸으로 공공(公共)을 위한 노동을 하게 합니다. 설사 그가 노동을 하지 않거나 게으름을 피우더라도 쇠고랑을 채워서 노동일을 더 지체되게 하지 않고 채찍으로 그들의 작업 속도를 올리지요. 대신 그가 열심히 일을 하면 조금도 불편함을 느끼지 않습니다. 매일 밤 인원 점검을 위한 호명(呼名)에 대답하고 자는 동안 감금되는 것을 제외하고는 말입니다. 오랜 시간 일을 해야 하는 것 이외에는 아무런 어려움도 없습니다.

그들은 나라의 일꾼으로서 일하기 때문에 그들을 위한 경비는 공공기금(公共基金)에서 충당되어 좋은 음식도 제공받는데 그 기금의 조달 방법은 지역에 따라 다릅니다. 어떤 지역에서는 자발적인 기부금(寄附金)으로 조달되기도 합니다. 사람들의 자유 의사에 따른 기부금은 불안정하고 신빙성이 없어 보일지 모르지만, 그곳의 국민들은 마음씨가 매우 선량하여 실제로 기부금으로 조달되는 기금이 다른 방법으로 조달되는 기금보다 많습니다. 또 어떤 지역에서는 죄수들 때문에 세금을 부과하거나 혹은 인두세(人頭稅)를 부과하기도 합니다.

어떤 지역에서는 죄수들에게 공공(公共)의 일을 시키는 대신에 개인의 일을 돕게 하기도 합니다. 일손을 필요로 하는 사람들은 하루 단위로 그들을 고용할 수 있습니다. 사람들은 일반인을 고용할 때보다 훨씬 싼 임금으로 죄수들을 고용할 수 있으며 그가 일을 열심히 하지 않으면 고용한 죄수를 때릴 수도 있습니다. 이러한 제도는 죄수들이 일도 하지 않고 게으름을 피우는 것을 방지하며 자기가 먹을 음식을 스스로 마련하게 하고 죄수들로 하여금 공공 기금을 마련하는 데도 기여하게 하지요.

죄수들에게는 보통 사람들이 입는 옷과는 전혀 독특한 색깔의 옷을 입힙니다. 머리를 빡빡 깎지는 않지만 귀 바로 위까지 짧게 깎고 한쪽 귀 끝을 살짝 잘라냅니다. 친구들은 그들에게 음식물과 그들이 입고 있는 옷과 똑같은 색깔의 옷들을 줄 수 있으나 돈을 주는 사람과 그 돈을 받는 죄수는 모두 사형에 처해집니다. 또한 어떤 이유에서건 죄수로부터 돈을 받는 사람도 사형에 처해지며, 무기에 손을 대는 노예(죄수들은 노예라고 불립니다)도 마찬가지입니다.

노예들은 지역에 따라 각기 다른 표지(標識)를 달고 있으므로, 그들이 달고 있는 표지에 따라 어느 지역의 노예인지 구별됩니다. 그러므로 표지를 떼어 버리거나 다른 지역으로 도망치는 노예, 그리고 다른 지역에서 도망쳐 나온 노예와 대화를 주고받는 노예는 사형에 처해집니다. 도망을 계획하는 노예도 도망친 노예와 마찬가지로 사형에 처해집니다.

도망치는 것을 도와준 노예 역시 사형에 처해지며 일반인이 도와주었을 경우에는 형벌로 노예가 됩니다.

그러나 도망을 기도하는 노예나 도망친 노예의 행방을 신고했을 때 일반인일 경우에는 포상을 받으며 노예는 포상을 받아 자유의 몸이 됩니다. 이것은 노예들로 하여금 도망칠 궁리를 하는 것보다 자기의 죄를 뉘우치는 것이 더 안전하다는 것을 알게 하려 함이지요.

이상 말씀드린 것이 그 나라의 법률이며 정책입니다. 얼마나 유익하고 인간적인 제도입니까? 그 나라에서는 범죄자를 처벌하는 목적이 악을 제거하고 인간을 악으로부터 구제하여 선량한 인간이 되게 하여 여생(餘生) 동안 자기가 지은 죄를 보상하도록 하는 데 있습니다.

그들이 다시 예전과 같은 악행을 저지르지 않을까 염려할 필요는 거의 없습니다. 여행자들조차 새로운 지역을 지나갈 때마다 이 노예들이 안내를 맡게 되면 가장 안전하다고 믿고 있으니까요. 노예들은 강도짓을 할 흉기나 도구를 갖고 있지 않으며 또한 그들이 돈을 갖고 있는 것이 발각되면 그것은 범죄를 저질렀다는 증거가 되므로 여행자들의 돈을 훔칠 수도 없습니다. 그렇게 되면 처벌을 받게 되는데다가 다른 곳으로 도망칠 가능성도 전혀 없습니다. 노예들의 옷은 일반인의 옷과는 다르므로 발가벗지 않는 한 결코 도망칠 수 없지요. 설사 발가벗고 도망치는 데 성공했다 하더라도 그들의 약간 잘린 귀가 도망친 노예임을 말해 줄 것입니다.

그들이 힘을 모아 정부를 전복시킬 음모를 꾸미지 않을까 염려할 수도 있겠지요. 그러나 반란에 성공할 정도의 엄청난 세력을 형성하고자 하는 노예는 먼저 다른 지역의 노예들의 의견을 타진하고 선동해야 합니다. 하지만 다른 지역의 노예들과 만난다거나 대화를 나누고 인사를 주고받는 것조차도 허용되지 않기 때문에 그것은 애초에 불가능합니다.

뿐만 아니라 자기 구역의 노예가 그토록 엄청난 음모를 꾸미고 있다는 것을 알고 있으면서도 밀고(密告)하지 않는 노예는 사형에 처해지며, 그 음모를 밀고하는 노예는 자유의 몸이 됩니다. 그런데도 그 음모를 숨기는 노예가 있겠습니까? 또 그런 위험한 음모를 감히 동료 노예에게 말할 노예가 있겠습니까?

또한 모든 노예들은 규율에 잘 따르고 앞으로는 올바르게 살아갈 것이라는 신뢰를 주면 자유를 되찾을 수 있다는 희망을 갖고 삽니다. 해마다 많은 노예들이 선행(善行)으로 인해 다시 자유의 몸이 되기 때문이지요."

그러고 나서 나는 이 제도가 영국에 채택되지 못할 이유가 없으며 이런 제도는 변호사가 그토록 찬양했던 '정의'라는 것보다 훨씬 더 훌륭한 결과를 가져다줄 것이라는 말을 덧붙였습니다.

그러자 변호사는 머리를 좌우로 흔들며 냉소적인 태도로,

"그런 제도가 채택되면 영국 사회는 반드시 심각한 혼란과 위험에 빠지게 될 것입니다."

라고 말하고는 입을 다물어 버리더군요. 그러자 함께 있던 사람들이 그의 말에 동의했습니다.

이때 추기경이 이렇게 말했습니다.

"그런 제도를 시행해 본 적이 없어서 좋은 결과를 가져다줄 것인지 나

쁜 결과를 가져다줄 것인지 알 수 없군요. 하지만 사형 선고를 받은 도둑들에게 왕명(王命)으로 사형 집행을 연기시키고 법률의 힘이 미치지 못하는 교회로 피할 수 있는 성역(聖域)의 특권[21]을 제한한 다음, 이 제도를 시행해 본 후 그 결과가 좋으면 법률로 제정하고 만약 실패했을 경우에는 집행을 연기했던 도둑들을 사형시키면 될 것입니다. 사형 집행을 약간 늦춘다고 사회에 해악이 될 것도 없고 부당한 일도 아닐 테니까요. 도둑들에게도 그렇지만 부랑자들에 대해서도 같은 제도를 적용하는 것이 어떨까요? 그동안 우리는 부랑자들을 다스릴 법을 많이 만들었지만 아무런 효과도 보지 못했습니다."

내가 제의했을 때에는 냉소적인 태도를 취하던 사람들이 추기경님께서 나의 제안을 실행해 보자고 하자 모두들 추기경님의 생각을 열렬히 환영했습니다. 특히 부랑자들에게 그 제도를 적용시키자는 제안에 대해서는 더욱 그러했습니다. 추기경님께서 추가한 제안이었기 때문이었겠지요.

그 다음에 일어난 조금 어이가 없는 일은 이야기를 해야 할지 말아야 할지 모르겠지만 그 자체로는 나쁜 것도 아니고 또 우리의 주제(主題)와도 관련이 있는 것이므로 말하기로 하겠습니다.

그곳에는 바보 흉내를 잘 내는 광대가 하나 있었습니다. 그의 바보 흉내는 너무 서툴러 그 사람 자신이 오히려 바보처럼 보였습니다. 손님들의 웃음을 자아내려는 그의 노력이 정말 우스꽝스러워 사람들은 그의

---

21) 범죄자가 교회로 도망쳐 들어가면 법률의 힘은 교회까지 미치지 못했다.

바보 흉내를 보고 웃는 것이 아니라 그런 모습이 우스워서 웃는 것이었습니다. 그러다 그는 가끔 훌륭한 말을 하기도 했습니다. '주사위 던지기를 계속하라. 그러면 언젠가는 행운의 패가 나올 것이다.' 라는 격언을 입증하기라도 하듯이 말입니다.

그런데 어떤 사람이,

"라파엘 씨의 제안으로 도둑들에 대한 좋은 대책이 마련되었고 추기경님의 제안으로 부랑배에 대한 훌륭한 대책이 마련되었습니다. 이제 남은 것은 너무 늙었거나 병이 깊어 생계를 유지할 수 없는 걸인들에 대한 대책뿐입니다."

라고 말했습니다. 그러자 그 광대가 대꾸했습니다.

"그것은 내게 맡기시오. 그런 자들이 내 눈앞에서 사라지기를 무엇보다도 바라고 있으니 멋진 해결책을 말씀드리지요. 그들은 애처로운 목소리로 돈을 구걸하며 나를 괴롭혔습니다. 하지만 그들의 호소는 나의 동정심을 불러일으키지 못했죠. 나는 아무것도 주고 싶은 마음이 없었으며 설사 그런 마음이 있다 하더라도 내게는 줄 것이 없었습니다. 그러니 그들은 내게 돈을 구걸하는 것이 헛수고라는 것을 알기 때문에 내가 지나가는 것을 보아도 아무 말 하지 않고 그냥 내버려둡니다. 내가 성직자라 하더라도 내게서는 아무것도 얻을 수 없다는 것을 알고 있으니까요. 나는 이러한 걸인들을 강제로 수도원(修道院)으로 보내 남자는 평수도사(平修道士)로 만들고 여자는 수녀(修女)로 만들 것을 제안합니다."

추기경께서는 그의 말을 농담으로 받아들이고 미소를 지으며 고개를

끄덕였습니다. 하지만 신학 공부를 많이 한 수도사 한 사람을 제외한 다른 사람들은 그의 말을 진지한 태도로 받아들였습니다. 평소에 냉엄한 그 수도사(修道士)는 성직자와 수도사들에 대한 광대의 익살을 듣고는 아주 유쾌하게 농담을 하기 시작했습니다.

"하지만 우리 탁발 수도사들에 대한 대책을 세우지 않는 한 그렇게 쉽사리 걸인들을 없애지는 못할 거요."

"그 대책은 이미 마련되어 있지 않습니까?"

광대가 대답했습니다.

"추기경님께서는 이미 부랑자들에 대한 훌륭한 대책을 마련하셨습니다. 당신들 탁발 수도사들이야말로 가장 나쁜 부랑자들이니까요."

모두 추기경을 바라보았습니다. 그가 광대의 말을 어떻게 받아들이는지 알고 싶어서 말입니다. 추기경께서 광대의 말에 아무런 부정도 하지 않자 탁발 수도사를 제외한 모든 사람들은 매우 재미있어 했습니다. 심한 야유를 받은 탁발 수도사는 벌컥 화를 내며 광대에게 욕설을 퍼붓기 시작했습니다. 그는 광대에게 악당, 불량배, 악마의 자식 등 생각나는 모든 욕설과 성서에서 인용한 혹독한 저주들을 퍼부었습니다.

그러자 광대도 정색을 하고 익살을 부리기 시작했는데 물고기가 물을 만난 듯 그의 능숙한 솜씨를 발휘했습니다.

"존경하는 탁발 수도사님, 그렇게 화를 내서는 안 됩니다. 성서에도 씌어 있지 않나요? '너희는 인내로써 생명을 얻으리라.'[22]고 말입니다."

그러자 수도사가 소리쳤습니다.

"이 악당 놈아! 화를 내는 것이 아니야. 설사 내가 화를 내는 것이라

해도 적어도 죄를 짓는 것은 아니란 말이다. '너희는 무서워 떨어라, 죄를 짓지는 말라.'[23]는 시편의 말씀처럼 말이야."

이때 추기경이 그에게 흥분하지 말라고 부드럽게 타이르자 수도사는 이렇게 대답했습니다.

"추기경님, 저는 화를 내는 것이 아닙니다. 나는 성심(聖心)으로 이야기하는 것입니다. 모든 성인(聖人)들이 갖고 있는 성심 말입니다. 성서에도 '당신 집에 대한 열정이 저를 불태우고'[24]라는 구절이 있고, 또 교회에서는 '엘리사(Elisha)가 하느님의 집으로 올라갈 때, 대머리여, 올라가라, 하고 조롱하던 자들은 성심에 의해 벌을 받았도다.'[25]라고 찬미하며 노래하고 있습니다. 그것처럼 조롱하는 놈, 상스러운 놈도 나의 성심에 의해 벌을 받게 될 것입니다."

그러자 추기경님께서 말씀하셨습니다.

"그대는 올바른 감정으로 이야기하고 있는 것 같군. 그렇지만 바보와 입씨름을 하여 그대 자신을 바보로 만들지 않기 위해서는 보다 경건하고 현명하게 행동해야 할 거네."

"그렇지 않습니다, 추기경님."

탁발 수도사가 대답했습니다.

---

22) 누가복음 21 : 19
23) 시편 4:5
24) 시편 68 : 10
25) 열왕기 하 2 : 23~24 엘리사가 하느님의 집으로 올라갈 때 아이들이 '대머리야, 꺼져라, 대머리야, 꺼져라.' 하고 놀려댔다. 엘리사는 돌아서서 여호와의 이름으로 아이들을 저주했다. 그러자 암곰 두 마리가 숲에서 나와 아이들 마흔두 명을 찢어 죽였다.

"저는 더 이상 현명하게 행동할 필요가 없습니다. 인간들 중에서 가장 현명했던 솔로몬도 '바보와 이야기할 때에는 그 바보의 어리석음에 따라 행동하라.'[26]고 말했습니다. 나는 지금 그렇게 하고 있습니다. 나는 지금 저놈에게 조심하지 않으면 어떤 구덩이에 떨어지는지 보여 주려는 것입니다. 대머리인 엘리사 한 사람을 조롱하다가 마흔두 명이 벌을 받았는데 대머리라고 생각하는 수많은 탁발 수도사들을 조롱하는 한 놈의 조롱꾼이 받게 될 형벌은 얼마나 크겠습니까! 뿐만 아니라 우리를 조롱하는 자들은 파문(破門)하라는 교황의 교서(敎書)를 가지고 있습니다."

이 입씨름이 언제 끝날지 모른다는 것을 안 추기경은 눈짓으로 신호를 보내 광대를 밖으로 내보낸 다음 화제를 다른 데로 돌렸습니다. 잠시 후 그는 자리에서 일어나 우리와 작별하고 탄원자(歎願者)들을 만나러 갔습니다.

이때 라파엘 씨가 나를 향해 말했습니다.

"친애하는 모어 씨, 나의 긴 이야기에 지루하지나 않았는지 모르겠습니다. 당신이 청하지 않으셨다면, 그리고 당신이 나의 이야기를 잘 들어주시지 않았더라면 이토록 오래 이야기하지는 않았을 것입니다. 나는 요점만을 간략하게 말할 수도 있었습니다. 그렇지만 처음에는 나의 이야기를 비웃던 자들이 추기경님께서 나의 이야기에 반대의 기색을 보이시지 않으니 모두들 나의 이야기를 들어주던 현상을 설명하노라니 그만 말이 길어졌습니다.

---

26) 잠언 26 : 5

사람들은 추기경님께 아첨하기 위해 광대의 제안을 진정으로 받아들이고 찬성하기까지 했습니다. 그것은 오로지 추기경님께서 광대의 의견을 거부하지 않았기 때문이지요. 그러니 소인배인 궁정 사람들이 나의 충고를 어느 만큼이나 소중하게 생각할는지 짐작할 수 있는 일이 아닙니까?"

"친애하는 라파엘 씨."

나는 말했습니다.

"참으로 재미있는 이야기를 들려주셨습니다. 당신의 말에는 현명함과 기지(機智)가 들어 있습니다. 뿐만 아니라 당신의 이야기는 나의 소년 시절의 영국을 상기시켜 주었으며, 나를 길러 주신 모턴 추기경님에 대한 즐거운 추억들이 되살아났습니다. 친애하는 라파엘 씨, 존경하는 당신이 모턴 추기경님에 대해 그토록 소중한 추억을 갖고 계신 것을 보니 당신에 대한 나의 애정은 말할 수 없이 커졌습니다.

그런데 나는 여전히 당신이 궁정에 대한 혐오감을 버리고 왕의 고문관이 되어 조언을 해 주신다면 많은 사람들에게 크나큰 이익을 줄 것이라는 생각을 버릴 수가 없습니다. 그렇게 하는 것이 현명한 인간으로서의 의무일 것입니다. 당신은 '국가가 행복해지기 위해서는 철학자들이 왕이 되거나 혹은 왕이 철학자가 되어야 한다.'는 플라톤의 말을 알고 계실 것입니다. 철학자들이 왕들에게 아무런 조언도 하지 않는다면 국가의 행복은 얼마나 요원하겠습니까!"

그러자 라파엘이 말했습니다.

"철학자들이란 그처럼 몰인정한 사람들이 아닙니다. 통치자들이 훌륭한 충고에 귀를 기울이려 한다면 철학자들은 기꺼이 충고합니다. 실제로 이제까지 많은 철학자들이 저서를 통해 충고를 해 왔습니다. 플라톤의 말이 의미하는 바는 바로 그것입니다. '왕 자신이 철학자가 되지 않는 한, 그들은 어렸을 때부터 그릇된 생각에 젖어 있기 때문에 참된 철학자의 충고에 귀를 기울이려 하지 않는다.' 는 것을 플라톤은 알고 있었던 것입니다. 그는 디오니시우스(Dionysius)[27]의 교육의 시도를 통해 경험으로 배운 것입니다. 만일 내가 어떤 왕에게, '훌륭한 법률을 제정하고 당신 마음속에 있는 악의 씨앗을 제거하려고 노력하십시오.' 라고 말한다면 어떻게 될까요? 나는 즉시 궁정으로부터 내쫓기거나 아니면 비웃음을 받게 될 것입니다.

예를 들어 내가 프랑스 왕(프랑수아 1세)[28]의 고문관이 되어 비밀 내각회의(內閣會議)에 참여한다고 칩시다. 각 부문의 전문적인 고문관들에게 둘러싸인 왕은 어떻게 하면 밀라노를 계속 지배할 수 있으며 나폴리를 다시 손아귀를 넣을 수 있을까, 어떻게 하면 베니스를 정복하고 이탈리아를 완전히 장악할 수 있을까, 어떻게 하면 플랜더스(Flanders)와 브라반트(Brabant), 그리고 부르건디(Burgundy) 전체를 손에 넣을 수 있을까 등의 문제를 진지하게 논의하고 있다고 생각해 봅시다.

---

27) B.C. 405년~ B.C. 367년. Syracuse (이탈리아의 시실리 섬 남동부에 있던 나라)의 독재자. 플라톤은 그에게 충고했지만 그는 독재 정치를 바꾸지 않고 오히려 플라톤을 감옥에 가두었다고 함.

28) 루이 12세를 가리킴. 그는 프랑스의 밀라노 계승권을 주장하고 이탈리아를 함락하여 1499년 밀라노를 점령하고 이어 나폴리를 점령했으며, 1512년에는 한때 이탈리아를 지배했지만 이듬해에는 교황 줄리우스(Julius) 2세의 군대와 신성로마제국 황제 막시밀리안(Maximilian) 1세의 군대에 패하여 이탈리아를 포기했음.

이 회의에서 어떤 보좌관은 베니스와 군사 동맹을 맺어 그들과 함께 다른 나라를 정복하여 전쟁에서 빼앗은 전리품(戰利品)을 그들에게 나누어 주어 우리를 믿게 한 다음에 다시 베니스를 정복하여 그들에게 주었던 전리품을 빼앗는 방법을 제안합니다. 또 다른 보좌관은 독일인 용병(傭兵)을 고용하자는 제안을 하고 또 어떤 사람은 가장 두려운 존재인 스위스를 돈으로 매수하자고 하고 또 어떤 사람은 뇌물로 황금을 바쳐 신성로마제국 황제[29]의 비위를 맞춰야 한다고 생각합니다. 다른 보좌관은 아라곤(Aragon)의 왕[30]과 평화 조약을 맺고 그 보증으로 나바르(Navarre) 왕국을 아라곤에게 넘겨주어야 한다고 제안하고, 또 다른 사람은 결혼 동맹의 약속을 미끼로 카스틸리아(Castile) 왕을 프랑스로 끌어들이고 그의 궁정 신하 몇 명을 매수하여 프랑스를 돕도록 하자고 제안할 것입니다.

가장 어려운 문제는 영국은 어떻게 해야 하는가 하는 것이지요. 보좌관들은 영국과 최선을 다해 평화 조약을 맺어야 하고 그 평화 조약은 항상 견고해야 하며 영국인들을 친구라고 부르되 언제 적이 될지 모르는 상황이므로 늘 경계해야 한다는 데 의견의 일치를 볼 것입니다. 그리하여 영국이 조금이라도 수상한 움직임을 보이면 스코틀랜드로 하여금 즉시 영국을 침략할 수 있도록 조처해 두어야 하며, 왕위의 권리를 주장하는 망명 귀족들을 비밀리에 지지함으로써 믿을 수 없는 영국 왕을 견제해야 한다는 결론에 이를 것입니다.

---

29) 신성로마제국의 황제 막시밀리안 1세(재위 기간 1493년~ 1519년).
30) 카스틸리아 왕국의 섭정 아라곤의 페르디난드(Ferdilland) 1세.

이처럼 각 분야의 전문적인 보좌관들이 각기 호전적(好戰的)인 제안을 하고 전쟁 계획을 논의하는 그런 회의에서 나처럼 하찮은 사람이 일어나 그들의 정책을 반대하는 제안을 한다고 상상해 봅시다. 내가 왕에게 '프랑스는 이미 한 통치자가 다스리기에도 너무 커져서 이탈리아나 그밖의 다른 나라들을 손에 넣으려고 애쓸 필요가 없습니다.' 라고 말한다고 칩시다. 그러면서 내가 유토피아 섬 바로 남동쪽에 있는 아코르 (Achor, 이탈리아에 개입한 프랑스를 상징)[31]의 역사를 그들에게 이야기한다고 생각해 보세요.

오래 전에 그들은 과거의 결혼 동맹에 의한 혈연관계를 구실로 상대편 나라의 왕위계승권을 내세워 전쟁을 일으킨 적이 있었습니다. 국민들은 왕을 위해 싸웠고 마침내 승리하여 그 나라를 손에 넣었습니다. 그렇지만 그들은 곧 나라를 통치하는 것은 나라를 손에 넣는 것만큼이나 어렵다는 것을 알게 되었습니다. 국내에서는 끊임없이 반란이 일어났고 외부에서는 다른 나라들이 끊임없이 공격해 왔기 때문이지요. 그들은 국내의 반란과 외부의 공격에 대항하여 끊임없이 전쟁을 해야 했기 때문에 군대를 해체할 수 없었습니다. 그러는 동안 그들은 점점 파멸에 이르렀습니다.

마침내 국민들은 한 사람의 야망으로 인해 국고의 많은 돈을 잃게 되고 개인의 생계마저 위협 받게 되었습니다. 계속되는 전쟁으로 상황은 더욱 나빠졌으며 살인과 절도 등으로 윤리는 땅에 떨어지고 국민들은

---

31) 「어디에도 존재하지 않는 곳」이라는 뜻으로 토머스 모어가 만든 말.

법률을 존중하지 않게 되었습니다. 왕은 두 나라를 통치하느라 어느 한쪽도 제대로 다스릴 수 없었습니다.

이러한 곤경에서 헤어나기가 힘들다는 것을 알게 된 보좌관들은 마침내 왕에게 어느 한 나라만을 택하여 통치하라고 정중하게 제의했습니다. '왕께서는 두 나라를 다스릴 수 없습니다.' 하고 그들은 외쳤습니다. '반쪽 왕의 다스림을 받는 국민의 수가 너무도 많기 때문입니다. 노새를 모는 사람도 두 마리의 노새를 한꺼번에 잘 몰 수는 없으므로 한 마리를 다른 사람에게 양도해 주지 않으면 안 되는 것입니다.' 그렇게 하여 왕은 할 수 없이 본국만을 다스리고 새로 손에 넣은 나라는 그의 친구에게 넘겨주게 되었습니다. 결국 그 친구도 곧 쫓겨나고 말았지만 말입니다.

내가 프랑스 왕에게, '왕께서는 이런 전쟁들을 일으킴으로써 많은 나라들을 혼란에 빠뜨리고 결국 헛되이 자신과 국민들을 파멸시킬 뿐입니다. 그러니 조상들로부터 물려받은 나라에만 온 힘을 기울이십시오. 그래서 최대한 아름답고 번영된 나라를 만드십시오. 국민들을 사랑하고 국민들 사이에서 살며 국민들을 자애롭게 다스리십시오. 이미 가진 영토로도 충분하니 더 이상 영토를 확장하려는 생각은 버리십시오.' 라고 충고한다고 상상해 보십시오. 친애하는 모어 씨, 왕이 나의 충고에 대해 어떤 반응을 나타내리라고 생각합니까?"

"물론 좋지 않은 반응을 나타내겠지요."

하고 나는 대답했습니다.

"또 다른 상황을 생각해 봅시다."

라파엘이 계속해서 말했습니다.

"왕과 함께 보좌관들이 국고를 축적하는 방법에 대해 논의하고 있다고 가정해 봅시다. 한 보조관은 왕이 채무를 갚을 때에는 돈의 가치를 올리고 조세를 거두어들일 때에는 돈의 가치를 내리는 방법(영국 에드워드 4세, 헨리 7세, 8세가 사용)[32]을 제안합니다. 그러면 왕은 거액의 채무를 적은 돈으로 지불할 수 있으며 적은 채권(債權)에 대해서는 많은 돈을 거두어들일 수 있는 이중(二重) 효과가 있지요.

또 어떤 보좌관은 전쟁을 시작하는 척하여[33] 국민들로부터 많은 세금을 거두어들인 다음(헨리 7세), 적당한 시기에 평화 의식(平和儀式)을 엄숙하게 거행함으로써(전쟁을 하지 않겠다는 명목으로 프랑스 샤를 8세로부터 뇌물을 받음) 두 나라의 왕들은 국민들이 피를 흘리는 것을 견디지 못하는 자애로운 왕으로 여기게 하자고 제안합니다.

또 어떤 사람은 낡아빠진 법률을 되살리자고 말합니다.(헨리 7세) 법률가들에 의해 쓸모없다고 판단되어 시행이 중단되었으며 사람들은 그런 법률이 있었는지조차 기억하지 못하는 케케묵은 법률 말입니다. 그러면 자신도 모르게 법을 위반하는 사람들로부터 벌금을 거두어들여 국고를 늘릴 수 있을 뿐만 아니라 국민들로부터 정의를 사랑하는 왕으로 존경을 받게 될 것이라고 설명하면서요.

한 보좌관은 사회에 해가 되는 행위에 대해 금지 조항을 많이 만들고

---

32) 에드워드(Edward) 4세와 헨리(Henry) 7세가 취한 화폐 정책.
33) 헨리 7세는 프랑스와의 전쟁을 위해 1490년과 1492년에 특별세를 부과하여 1492년에 프랑스를 침공했지만 곧 평화 조약을 맺고 거두어들인 특별세를 사취했다.

그것을 어기는 사람들에게는 무거운 벌금으로 다스리는 제도를 만들자고 합니다. 또한 사람들에게 그 금지 조항으로부터 면제되는 특권을 팔자고 제안합니다. 그러면 첫째, 그의 계략에 걸려든 사람들로부터 벌금을 거두어들일 수 있고 둘째, 특권을 팔 수 있기 때문에 이중으로 재산을 축적할 수가 있지요. 이 특권의 금액은 왕의 도덕적 성품이 훌륭하면 훌륭할수록 높아집니다. 그의 도덕적 성품이 훌륭할수록 사회 복지를 저해하는 특권을 일반인들에게 주는 것을 좋아하지 않기 때문입니다.

또 어떤 사람은 재판관들을 궁정으로 불러 왕 앞에서 소송 사건들에 대해 논의하게 하여 왕에게 유리한 판결을 내리자고 제안을 합니다. 그렇게 되면 왕에게 명명백백한 잘못이 있는 경우에도 재판관들 중 어느 한 사람은 왕이 빠져나갈 수 있는 길을 찾아낼 것입니다. 그 동기가 무엇이건 ― 다른 재판관의 의견에 반대하고자 하는 생각에서건 또는 다른 재판관의 말을 되풀이하지 않겠다는 생각에서건 아니면 왕을 기쁘게 해 주고자 하는 생각에서건 ― 결국 법률을 피할 수 있는 길을 찾아냅니다. 그래서 명명백백한 사실도 논쟁의 대상이 되고 진리마저도 의혹에 휩싸이게 됩니다. 그렇게 되면 왕은 법조문(法條文)을 유리하게 해석할 수 있는 기회를 얻게 되며 재판관들은 수치 때문이든 공포 때문이든 무조건 찬성하게 됩니다. 그리하여 재판관들은 법관 자리에 앉아 주저 없이 법조문의 왜곡(歪曲)된 해석으로 판결을 내립니다.

이에 대해서는 아무것도 걱정할 필요가 없습니다. 왕에게 유리한 판결을 내릴 수 있는 구실은 얼마든지 있기 때문이지요. 예컨대 재판관들은 보충법(補充法)이라든가 법률 용어의 애매함이라든가 법조문 문구를 억지로 꿰맞출 수도 있으며, 또 지상의 어떤 법률보다도 더 무거운 '불가침(不可侵)의 왕권'에 호소할 수도 있습니다.

결국 왕의 보좌관들이란 군대를 유지해야 하는 왕에게는 아무리 돈이 많이 있어도 충분하지 않으며, 손에 잡히지 않는 것을 제외한 나라 안의 모든 것은 왕에게 속할 뿐만 아니라 심지어 모든 국민들까지 왕에게 속한다는 크라수스(Crassus, 로마 시대의 거부(巨富))[34]의 이론을 지지합니다.

왕은 설사 잘못을 저지르려 해도 아무런 잘못도 저지를 수 없으며 왕은 국민들의 사유 재산을 최소한으로 줄여 왕의 안전을 도모해야 한다고 여깁니다. 지나치게 많은 부(富)와 자유는 국민들로 하여금 부정(不正)과 억압을 참지 못하게 하지만 가난은 국민들을 어리석게 만들고 반항 정신을 억누르며 그들로 하여금 복종하게 한다는 이유 때문이지요.

그런 회의석상에서 내가 일어나 그런 제안들은 왕에게는 불명예스러울 뿐만 아니라 위험한 것들이라고 주장하면 어떻게 되겠습니까? 사실 왕의 명예와 안전은 왕의 재산에 달려 있는 것이 아니라 국민들의 복지에 따라 달라집니다. 왜 국민들이 왕을 선출했다고 생각하십니까? 그것은 왕의 이익을 위해서가 아니라 국민들 자신의 이익을 위해서입니다. 국민들의 생활을 보다 안락하게 하고 부정(不正)으로부터 보호해 주는데 온 힘을 기울여 주기를 바라면서 왕으로 선출한 것입니다. 그러므로 국왕이 해야 할 일은 자신의 안락을 꾀하는 것이 아니라 국민들의 안락

---

34) 시이저 · 폼페이우스와 함께 제 1 차 삼두(三頭)정치의 한 사람.

을 도모해야 하는 것입니다. 목동이 자신의 먹을 것보다 양떼들의 먹이를 찾듯이 말입니다.

국민들을 가난하게 만드는 것이 평화를 유지할 수 있는 최선의 방법이라는 이론은 완전히 그릇된 주장입니다. 걸인들만큼 싸우기 잘하는 사람들은 없습니다. 자기가 현재 살아가고 있는 여건에 불만을 품고 있는 사람보다 반역을 일으키기 쉬운 자는 없습니다. 잃어버릴 것이 아무 것도 없는 사람보다 자신의 이익을 위하여 모든 것을 전복시키려는 충동을 갖고 있는 사람은 없을 겁니다.

만약에 국민들로부터 증오와 경멸을 받고 있는 국왕이 착취나 학대에 의해서나 혹은 그들이 궁핍해야만 국민들을 다스릴 수 있다면 차라리 왕위에서 물러나는 편이 나을 것입니다. 권력에 의존하는 통치는 그에게 왕이라는 이름을 유지시켜 줄 수 있을지 모르지만 왕의 존엄성은 파괴됩니다. 참된 존엄성은 걸인이 된 국민들을 다스리는 데 있는 것이 아니라 번영과 행복을 누리는 국민들을 다스리는 데 있습니다.

고귀한 영혼을 지닌 파브리키우스(Fabricius, 로마 정치인)[35]가 '나 자신이 부유한 자가 되기보다는 부유한 국민들을 다스리는 통치자가 되고 싶다.' 라고 말한 것은 바로 그것을 의미하는 것입니다. 나라의 많은 사람들이 신음하며 괴로워하고 있음에도 불구하고 호화로운 생활을 즐기는 통치자는 한 나라의 왕이라기보다는 차라리 감옥의 간수라고 해야 맞을 것입니다.

---

35) 고결함과 사치에 대한 경멸로 유명한 BC 3세기의 로마의 통치자.

다른 병을 만들어 주지 않고서는 환자의 병을 고쳐 주지 못하는 의사는 무능한 의사이듯이, 국민들의 생활을 침해하지 않고는 국민의 삶을 보다 훌륭하게 만들지 못하는 왕은 무능한 왕이며 자유로운 국민들을 어떻게 다스려야 하는지 모른다는 것을 스스로 인정하는 것입니다.

이러한 왕은 악덕과 오만함과 게으름을 버려야 합니다. 이러한 결점들이야말로 국민들의 증오와 경멸을 불러일으키는 것들이기 때문입니다. 왕은 다른 사람들에게 손해를 끼쳐서는 안 되고 자신의 소득으로 살아야 하며 소득에 맞게 지출해야 합니다.

왕은 범죄를 저지르도록 방치했다가 처벌해서는 안 되며 올바른 방법으로 미연에 범죄를 방지해야 합니다. 왕은 오래 전에 폐지되었던 법률, 특히 국민들이 그 법률 없이도 올바로 살아갈 수 있는 불필요한 법률을 마음대로 부활시켜서는 안 됩니다. 그리고 벌금을 징수하기 위한 목적으로 범죄 조항을 만들어서도 안 되며, 또 누구에게라도 범죄에 대한 특권을 주어서도 안 됩니다.' 라고 말한 다음 왕의 보좌관들에게 유토피아 섬에서 그다지 멀지 않은 마카리아(Macaria)[36]라는 나라의 제도에 대해 설명합니다.

'그 나라의 왕은 즉위하는 첫날, 국민들에게 국고금(國庫金)으로 1천 파운드의 황금이나 그에 상당하는 양의 은(銀) 이상은 결코 보유하지 않겠다고 엄숙하게 맹세합니다. 이 제도는 자신의 부(富)보다도 나라의 부(富)를 걱정했던 어느 훌륭한 왕으로부터 비롯된 것입니다. 그 왕은 혹

---

36) 「축복받은 나라」라는 뜻으로 토머스 모어가 만든 말.

시 나라보다 자신을 생각하는 왕이 나온다 하더라도 자신의 재산을 축적함으로써 국민들을 궁핍하게 하는 일이 없도록 하기 위해 이 제도를 만든 것입니다. 1천 파운드의 황금이나 그에 상당하는 양의 은(銀)은 나라 안의 폭동이나 외부의 침입을 진압하기에는 충분한 돈이지만 다른 나라를 침략하기에는 부족한 돈입니다. 이것이 이 제도를 만든 중요한 이유 중의 하나입니다.

또한 그렇게 함으로써 국민들의 일상적인 거래에 돈이 원활하게 유통되리라고 확신했으며, 왕은 국민들로부터 부당한 방법으로 돈을 거두어들이지 않을 것이라고 생각했습니다. 법으로 정해진 금액 이상의 돈이 들어오면 나머지 돈은 모두 지출해야 하기 때문입니다.' 라고 말한다고 상상해 보십시오. 이러한 왕은 악한 자들에게는 두려움의 대상이지만 선량한 사람들에게는 사랑의 대상입니다.

그런데 이와는 정반대의 생각을 갖고 있는 왕들에게 내가 방금과 같은 말들을 한다면 그들이 나의 말에 귀를 기울이리라고 생각하십니까?"

"물론 들으려고 하지 않겠지요."

나는 대답했습니다.

"그들이 받아들이려 하지 않는 충고는 할 필요가 없습니다. 아무런 소용도 없을 테니까요. 그들 가슴속에 깊숙이 뿌리박고 있는 그릇된 생각과는 정반대되는 생소한 충고를 그들이 따르리라고는 결코 생각할 수 없습니다. 당신의 새로운 생각들은 허심탄회한 대화에서는 매우 유쾌한 것이겠지만 정책을 결정하는 중대한 내각회의(內閣會議)에서는 그런 철학적인 이야기는 끼어들 여지조차 없습니다."

"그것이 바로 내가 말하려는 바입니다."

라파엘이 이어서 말했습니다.

"통치자들에게는 철학이 들어갈 여지가 없다니까요."

나는 확고한 어조로 말했습니다.

"그렇습니다. 모든 것이 어디에서나 적용된다고 생각하는 스콜라 철학도 그런 회의에는 끼어들 여지가 없습니다. 정치에는 전혀 다른 종류의 철학이 필요합니다. 연극의 전후 관계를 알고 나서 그 연극에 자기 자신을 맞추어 배역을 훌륭하게 연출하는 보다 실제적인 형태의 철학이 있지요. 당신이 그들에게 적용해야 할 철학은 바로 이러한 형태의 철학입니다.

그들에게 스콜라 철학을 적용시키는 것은 마치 플라우투스(Plautus, 저급한 음모를 다룬 내용)[37]의 희극에서 노예들이 농담을 주고받고 있는데 철학자 옷을 입은 사람이 갑자기 《옥타비아(Octavia, 선한 군주가 되라는 내용)》[38]가 공연되는 무대 위로 올라가 세네카와 네로가 논쟁하는 대목을 낭독하는 것과 같습니다.

전혀 다른 종류의 연극 대사를 낭독함으로써 희극을 희비극(喜悲劇)으로 만들어 버리는 것보다는 차라리 입을 다물고 있는 편이 훨씬 더 나을 것입니다. 설사 당신이 낭독하는 대사가 공연되는 연극의 대사보다 훌륭한 것이라 하더라도 그 연극과는 어울리지 않아 연극 전체를 망칠 것

---

37) B.C. 254년~B.C. 184년 경의 로마의 희극 시인.
38) 세네카의 작품으로 알려진 비극. 세네카는 네로에게 폭군 대신 훌륭한 통치자가 되라고 설득하기 위해 이 작품을 썼다고 함.

이기 때문입니다. 그러니 훌륭한 대사가 머릿속에 떠올랐다 하더라도 그것을 낭독하여 연극 전체를 망쳐 버리지 말고, 그 연극이 훌륭히 공연될 수 있도록 당신의 역할에 최선을 다해야 합니다.

이 법칙은 내각 회의에도 적용됩니다. 설사 당신이 그들의 그릇된 생각을 완전히 제거하지 못한다 하더라도, 또 그들의 뿌리 깊은 악덕을 당신 뜻대로 바로잡지 못한다 하더라도 당신은 이 사회에 등을 돌려서는 안 됩니다. 폭풍을 잠재울 수 없다고 해서 폭풍우 속에 배를 내버려둘 수는 없는 일이니까요.

그렇지만 다른 생각을 갖고 있는 사람들의 마음을 움직일 수 없다는 것을 알면서도 당신의 생소한 철학들을 그들에게 억지로 주입한다는 것은 무의미한 일입니다. 간접적으로 충고하시되 가능한 한 기술적으로 다루십시오. 그리고 당신이 올바르게 만들 수 없는 상황이라면 적어도 잘못이 없는 상태로 만들도록 노력해야 합니다. 인간이 완전해지지 않는 한 다른 일들 역시 결코 완벽해질 수 없기 때문입니다. 나는 수많은 세월이 흐른다 하더라도 인간이 완전해지리라고는 기대하지 않습니다!"

라파엘이 말했습니다.

"잘못하면 그들의 광증(狂症)을 고쳐 주려다가 나 자신까지도 감염될 수 있습니다. 만일 내가 진실을 말하려 한다면 이제까지 했던 방법들을 이야기해야 할 것입니다. 거짓을 말하는 것이 철학자에게 어울리는 일인지는 잘 모르겠습니다만 분명 나에게는 어울리지 않는 일입니다. 그들이 나의 충고에 화를 내고 충고를 받아들이려 하지 않으리라는 것은 이해할 수 있습니다. 그러나 나의 충고가 왜 공상적이고 어리석은 것으로 간주되어야 하는지 나는 이해할 수가 없습니다.

그들에게 플라톤이 《국가론》에서 가상하여 묘사한 제도들이나 유토피아인들이 현재 그들 나라에서 시행하고 있는 제도들을 권장한다면 어떻게 될까요? 그 제도들이 아무리 훌륭한 것이라 하더라도 — 실제로 그것들은 훌륭한 것이라고 확신합니다. — 그들에게는 기이하고 어리석은 것으로 생각될 것입니다. 그것은 개인의 사유 재산(私有財産)에 대한 소유권을 인정하지 않고 모든 재산의 공동 소유에 기반을 두고 있기 때문입니다.

물론 나와 반대 방향으로 가기로 결심한 사람들은 나의 충고를 좋아하지 않을 것이며, 그들 앞의 위험들을 지적하고 그들이 가는 방향으로 가지 못하게 잡아당기는 나에게 화를 낼 것입니다. 그렇지만 나의 충고는 모든 사회에 적용되는 것이며, 모든 사회가 당연히 그렇게 해야 할 것들입니다. 우리가 사람들의 비웃음을 받을까 두려워 잘못된 관습에 대해 말하지 않는다면 우리는 기독교 국가에서조차 그리스도의 가르침을 말할 수 없을 것입니다.

그리스도께서는 결코 그것을 원치 않으셨습니다. 그분은 제자들에게 자기의 가르침을 지붕 위에 올라가 당당하게 외치라고 말씀하셨습니다. 그분의 가르침은 나의 충고보다 훨씬 더 이 사회의 인습과 차이가 납니다. 그러나 교활한 설교자들은 그리스도의 가르침을 변질시키지요. 그들은 당신의 권고를 따르는 것처럼 보입니다!

교활한 설교자들은 이렇게 주장합니다. '우리들은 결코 그리스도의 가르침에 따라 행동할 수 없습니다. 그러므로 그리스도의 가르침을 우리들의 행위에 맞추도록 합시다. 그러면 그리스도의 가르침과 우리의 행위 사이에는 적어도 어떤 관련이 지어질 테니까요.' 라고 말입니다. 그리하여 사람들로 하여금 안심하고 죄를 범하게 했지요.

분명 나는 내각 회의(內閣會議)에서 아무런 성과도 얻지 못할 것입니다. 동료들과 반대되는 제안을 하는 것은 전혀 무의미한 일이며, 그들과 같은 제안을 하게 된다면 마치 테렌스(Terence, 로마 시대의 극작가)[39]의 희곡에서 미치오(Micio)가 말하듯이 '미친 짓에 동조(同調)하고 미친 짓을 부추기는' 셈이 될 것이기 때문입니다.

간접적으로 충고하고 모든 것을 가능한 한 기술적으로 다루고, 가능한 한 잘못이 적은 상태로 만들려고 노력하라는 당신의 말도 나는 전혀 이해할 수가 없습니다. 내각 회의에서는 다른 사람의 그릇된 견해에 대해 우물쭈물하거나 침묵을 지키는 것은 용납되지 않습니다. 그곳에서는 아무리 저열하고 최악의 결정에 대해서도 지지해야 합니다. 열렬한 지지를 보이지 않는 자는 스파이나 반역자로 간주될 것입니다.

훌륭한 사람의 감화를 받기는커녕 훌륭한 사람조차 악에 물드는 그런 사람늘 사이에서 무슨 훌륭한 일을 할 수 있겠습니까? 그곳에서는 유혹을 받아 스스로 타락하든가 아니면 그들의 어리석음과 사악함을 못 본 체하든가 둘 중 하나를 택해야 합니다. 그러니 당신이 말한 간접적인 충고로는 그들의 선도(善導)에 영향을 미칠 수 없을 겁니다.

왜 현명한 사람들이 정치에 관여하지 않는지를 플라톤은 재미있게 설

---

39) B.C. 190년 ~ B.C. 159년 경의 로마의 희극 시인.

명했습니다. 어느 날 그는 사람들이 길거리에서 비를 흠뻑 맞고 있는 것을 보았습니다. 그는 사람들에게 집 안으로 들어가 비를 맞지 말라고 설득할 수가 없었습니다. 그러기 위해 밖으로 나가면 다른 사람들과 똑같이 비에 젖게 될 뿐이라는 것을 잘 알고 있었습니다. 그래서 그는 사람들의 어리석음을 내버려둔 채 집안에 머물면서 '어쨌든 나는 안전하다.' 라며 자신을 위로하는 것입니다.

친애하는 모어 씨, 솔직히 말씀드린다면 사유 재산(私有財産)제도가 존재하고 모든 것이 돈에 의해 판단되는 한 참된 정의와 행복은 얻어질 수 없다고 생각합니다. 왜냐하면 가장 악한 부류의 사람들이 가장 훌륭한 것을 소유하는 것을 정의라고 할 수 없으며, 극소수의 사람들만이 온갖 행복을 누리고 다수의 사람들이 비참한 생활을 하는 것을 행복이라고 할 수는 없기 때문입니다.

그래서 나는 얼마 안 되는 몇 가지의 법률만으로도 그토록 훌륭하게 다스려지는 유토피아의 현명하고 슬기로운 제도들이 생각납니다. 그들은 모두 선한 마음씨를 갖고 있으며 행복하게 살고 있습니다. 계속 새로운 법률을 만들면서도 나라를 잘 다스리지 못하는 수많은 자본주의 국가들과 비교해 보십시오. 그런 나라들은 하루에도 수십 개의 법률을 만들지만 그 법률들은 여전히 사유 재산을 얻는다거나 유지하거나 재산을 보장하지 못합니다. 사유 재산에 대한 소송 사건이 끊임없이 계속되고 있는 것이 그 증거입니다.

이런 것들을 생각할 때 나는 플라톤의 견해에 더욱 찬성하게 됩니다. 사람들이 법률을 제정해 달라고 부탁하자 플라톤은 모든 것을 똑같이 나누어 갖는 평등 소유 제도를 제안했답니다. 사람들이 그 제안을 거부하자 플라톤 역시 그 부탁을 거절한 것이 이해가 됩니다. 현명한 그는 국민들을 행복하게 하는 유일한 방법은 평등 소유 제도라는 것을 알고 있었던 것입니다.

자본주의 체제 하에서 평등 소유 제도는 불가능할 것입니다. 사람들은 제각기 가능한 한 많은 재산을 소유하려고 하나 대부분의 재물은 극소수의 사람들의 소유가 되고 나머지 사람들은 재산을 소유하지 못해 가난에 처하게 됩니다. 일반적으로 부(富)는 미덕(美德)과 반비례합니다. 부유한 자들은 탐욕스럽고 사악하고 쓸모없는 자들이며 가난한 사람들은 자기 자신에게보다 사회에 유익한 일을 하는 소박하고 겸손한 사람들이 많습니다.

그러므로 사유 재산 제도가 폐지되지 않는 한 공정한 재화의 분배나 행복한 인간 생활은 불가능하다고 확신합니다. 사유 재산 제도가 존속하는 한 대부분의 선량한 인간은 궁핍과 고통과 근심에 짓눌린 채 살아갈 수밖에 없으며, 그들을 짓누르는 근심이 가벼워질 수는 있겠지만 결코 완전히 제거될 수는 없습니다. 개인이 소유할 수 있는 돈이나 토지의 한계를 법률로 정하여 그들의 짐을 가볍게 할 수도 있고, 적절한 법률을 정하여 왕과 국민들 사이에 힘의 균형을 유지할 수도 있겠지요.

그리고 법률에 의해 관리들이 뇌물을 받거나 관직을 매매할 수 없게 하고, 관리들이 지나치게 많은 경비를 쓰지 못하게 할 수도 있습니다. 그렇게 하지 않으면 뇌물을 주고 관직에 오른 자는 사용한 돈을 되찾기 위해 권력을 남용하거나 부정(不正)을 저지르기 쉬우며, 지혜로운 사람이 아닌 부유한 자들만 관직에 오를 것이기 때문입니다.

만성 질환의 환자에게 간호사의 끊임없는 보살핌이 도움이 되는 것처럼 이러한 법률들은 분명 만성적인 사회악(社會惡)에 약간의 효과가 있을 것입니다. 하지만 사유 재산 제도가 존속하는 한 사회악은 완전히 치유될 수 없습니다. 하나의 악을 제거하면 또 다른 악을 야기한다는 것을 의미할 뿐입니다. 누군가에게 무엇인가를 주기 위해서는 반드시 다른 사람으로부터 빼앗지 않으면 안 되기 때문입니다. 즉 어떤 사람에게 약이 되는 것은 반드시 다른 사람에게 독이 되는 것입니다."

"나는 그렇게 생각하지 않습니다."

나는 말했습니다.

"오히려 공동 소유 제도 아래서는 행복한 생활이 불가능하다고 생각합니다. 공동 소유 제도 하에서는 사람들이 열심히 일하려 하지 않을 것입니다. 그러니 어떻게 풍족한 생활을 할 수 있겠습니까? 개인적인 이익이 결여되어 있는 상태에서는 누구나 게을러지고 다른 사람들에게 의존하게 되는 법입니다. 그렇게 되면 물자가 부족하게 되고 따라서 필연적으로 살인자와 폭도(暴徒)들이 속출하게 될 것입니다. 자기가 일해서 번 돈을 보호할 합법적인 방법이 없으면 그에 따른 당국의 권위에 대한 존경심도 없을 것이기 때문입니다. 상하(上下)의 구별이 없는 사회에 어떻게 권위에 대한 존경심이 있을 수 있겠습니까?"

그러자 라파엘이 대답했습니다.

"내가 의미하는 상태를 올바로 상상하지 못하기 때문에 그런 견해를 갖게 되는 것입니다. 당신이 나와 함께 유토피아에 가서 나처럼 모든 것을 직접 보셨더라면 그처럼 훌륭한 사회를 본 적이 없다는 것을 곧 인정하실 것입니다. 알고 계신 바와 같이 나는 그곳에서 5년 이상 살았으며, '새로운 세계'에 대해 사람들에게 알리고 싶은 마음만 아니었더라면 나는 그곳을 떠나지 않았을 것입니다."

이때 피터 자일즈가 라파엘에게 반박했습니다.

"아무리 그렇게 말씀하셔도 그 새로운 세계가 우리가 알고 있는 세계보다 훨씬 더 훌륭한 사회라는 것을 믿을 수 없습니다. 그 이유는 우리도 그들만큼 높은 지능을 갖고 있으며 또 우리의 문명은 그들보다 역사가 길 것이기 때문입니다. 우리는 오랜 경험을 통해 우리의 생활을 안락하게 해 주는 많은 것들을 창조해 냈습니다. 그것들은 평범한 재능으로는 결코 이룰 수 없는 것들이지요."

라파엘이 말했습니다.

"당신이 그들의 역사 서적을 읽으셨더라면 그들의 문명이 얼마나 오래되었는지 바로 판단할 수 있을 것입니다. 그들의 역사 서적에 의하면 우리가 사는 이곳에 인간의 생활이 시작되기도 전에 이미 그 '새로운 세계'에는 도시들이 존재했었습니다. 그리고 당신이 말하는 지능과 창조는 우리들에게만 있는 것이라고 말할 수는 없습니다. 그들의 지능은 우리보다 우월하지 않을지도 모릅니다. 그렇지만 집중력과 근면성은 우리보다 훨씬 뛰어나다고 확신합니다.

그들의 기록에 따르면 그들은 천이백 년 전 폭풍우 속에서 난파된 배한 척이 유토피아 섬의 해안에 표류했을 때를 제외하고는 우리가 그곳에 상륙하기 전까지 '적도의 저쪽 사람들' — 그들은 우리를 그렇게 부르지요 — 과 접촉해 본 적이 없답니다. 천이백 년 전 해변으로 헤엄쳐 나와 겨우 살아남은 몇 명의 로마인들과 이집트인들은 그곳에 머물러 살았답니다.

유토피아 사람들은 자기들에게 온 행운을 놓치지 않았습니다. 그들은 생존자들로부터 로마 문명의 여러 가지 유익한 기술을 배웠으며, 또 그것을 바탕으로 새로운 기술을 스스로 창조하기도 했습니다. 그들은 해변으로 표류한 우리의 동족 몇 명과 단 한 번의 접촉으로 엄청난 성과를 얻었습니다. 그와 반대로 유토피아 사람 몇 명이 우리가 사는 곳으로 표류해 오는 행운을 얻었다고 가정해 봅시다. 아마도 우리는 그들이 이곳에 왔었다는 사실조차 완전히 잊어버리고 말 것입니다. 사람들이 내가 유토피아에 갔다 왔던 사실을 까맣게 잊듯이 말입니다.

그들은 유럽인들과의 단 한 번의 만남으로 유럽의 모든 훌륭한 것들을 금방 배웠습니다. 그렇지만 우리에게 그런 행운이 찾아왔을 경우 과연 우리보다 훌륭한 그들의 모든 것들을 그처럼 빨리 배울 수 있을지 의문입니다. 그들의 지능이나 부(富)가 우리들보다 우월하지 않음에도 불구하고 그들이 정치적으로나 경제적으로 우리보다 훨씬 앞서 있는 것은 그들의 배우려는 열정 때문이라고 생각합니다."

"친애하는 라파엘 씨."

내가 부탁했습니다.

"그렇다면 유토피아 섬에 대해 좀더 자세한 이야기를 들려주시면 고맙겠습니다. 너무 간략하게 말씀하시지 마시고 지리적(地理的)인 면, 사회적인 면, 정치적인 면, 법률적인 면 등 우리가 알고 싶은 모든 것들에 대해서 자세히 설명해 주십시오. 유토피아에 대해 알지 못하는 것들을 우리가 열심히 배워야 한다고 생각하시고 말입니다."

그러자 라파엘이 대답했습니다.

"기꺼이 그렇게 하겠습니다. 유토피아에 대해서라면 아직도 기억 속에 생생하니까요. 하지만 그 많은 것을 이야기하려면 시간이 좀 걸릴 것입니다."

"그럼 먼저 점심 식사부터 하기로 하지요. 그리고 나서 오후 내내 당신의 이야기를 듣기로 합시다."

하고 나는 청했습니다.

"그렇게 합시다."

라파엘이 말했습니다.

그리하여 우리는 집 안으로 들어가 점심 식사를 했다. 식사를 마친 후 우리는 아까 그곳으로 돌아와 벤치에 다시 앉았다. 나는 하인들에게 아무도 우리의 대화를 방해하지 못하게 하도록 일렀다. 그리고 나서 피터 자일즈 씨와 나는 이야기를 들려 달라고 재촉했다. 우리가 유토피아에 대한 이야기를 매우 듣고 싶어한다는 것을 안 라파엘 씨는 잠시 침묵을 지킨 채 여러 가지 생각들을 정리하더니 곧이어 이야기를 시작했다.

런던의 시민이자 주 장관(州長官)인

토머스 모어(Thomas More)에 의해 공표된

최고의 복지 국가에 대한

라파엘 히슬로다에우스(Raphael Hythlodaeus)의 이야기

제2권

유토피아인들은 보석들과는 비교할 수 없을 정도로
눈부신 별들과 태양을 바라볼 수 있는데도 불구하고
어째서 사람들이 별들과 태양에 비하면 흐릿하기 짝이 없는
작은 보석이나 돌 조각의 빛에 매혹되는지를 기이하게 여기며,
또 좋은 양털로 지은 옷을 입었다고
어떻게 자기 자신을 다른 사람들보다 더 훌륭하다고 내세울 정도로
어리석을 수 있는지 이상하게 생각합니다.
그 옷이 아무리 좋은 양털로 지었다고 해도
그 양털을 입고 있던 것은 양이었으며,
양이 아무리 좋은 양털 옷을 입었다 하더라도
양은 양 이상이 될 수 없기 때문입니다.

유토피아(Utopia, 가상의 섬나라, 이상향)[1]는 가장 넓은 중앙 부분의 폭이 약 이백 마일 되는 섬이며 차츰 좁아지는 양쪽 끝 부분을 제외하면 다른 곳도 중앙부의 폭과 큰 차이가 없습니다. 양쪽 끝은 마치 컴퍼스로 그린 것처럼 정원(正圓)의 형태를 이루고 있으며, 그 둘레는 약 오백 마일 정도 되지요. 그 섬의 양쪽 끝 부분은 서로 근접해 있어 마치 초승달 같은 모양을 하고 있습니다.

양쪽 끝 사이의 길이는 약 십일 마일 정도 떨어져 있는데 그 사이로 바닷물이 들어와 거대한 만을 이루고 있습니다. 육지로 둘러싸여 있어 바람이 일지 않으며 물결도 거세지 않아 호수처럼 잔잔합니다. 그곳은 육지로 둘러싸여 있고 섬의 안쪽 해안은 모두 항구이므로 배들은 어느 방향으로든 항해할 수 있습니다. 그 때문에 그곳 사람들에게는 매우 유익한 지형입니다.

이 만(灣) 입구에는 수많은 암초들과 모래톱들이 있어서 매우 위험합니다. 그리고 중앙에는 커다란 바위 하나가 솟아 있고 그 위에 있는 탑에는 수비대(守備隊)가 주둔하고 있습니다. 유토피아 섬의 사람들은 이 해협을 잘 알고 있기 때문에 안전하지만 외지인들의 배는 바다 속에 잠겨 보이지 않는 바위들 때문에 매우 위험하므로 유토피아인의 안내를 받지 않고는 결코 이 만(灣)의 안쪽으로 들어올 수가 없습니다.

유토피아 사람들조차도 해안에 세워진 수로 안내 표지(水路案內標識)가 없다면 안전하게 들어오기가 힘듭니다. 그러므로 수로 안내 표지판

---

1) 여기서는 영국의 섬을 암시함.

들을 조금만 움직여 놓으면 아무리 많은 적의 군함이라 할지라도 전멸하고 말겠지요. 물론 이 섬의 반대쪽 해안에도 많은 항구들이 있습니다. 그곳 역시 자연적으로든 혹은 인공적으로든 너무나 완벽하게 요새화(要塞化)되어 있어 소수의 병력만으로도 상륙하여 침입해 오는 수많은 적군을 무찌를 수 있습니다.

그들의 말에 의하면 — 실제로 보아도 알 수 있는 일입니다만 — 유토피아는 원래 섬이 아니라 반도(半島)였답니다. 그곳을 이전에는 '아브락사(Abraxa, 최상위의 천국)[2]라고 불렀는데 어느 날 유토포스(Utopos)라는 사람이 그곳을 정복하여 '유토피아'라는 이름을 붙이고 거칠고 투박한 원주민들을 현재와 같은 세계에서 가장 문명화된 국민으로 만들었답니다.

그는 이 나라를 정복하여 통치를 하기 시작하면서 나라와 대륙(大陸)을 연결하고 있는 십오 마일 되는 협부(峽部)를 끊어서 그 나라를 섬으로 만들었습니다. 그는 원주민들의 원망을 사지 않기 위해 그의 병사들까지도 이 공사에 동원시켰습니다. 엄청난 수의 노동력으로 그 공사가 놀라울 정도로 빨리 끝나게 되자 어리석은 짓을 한다고 비웃던 이웃 나라 사람들은 깜짝 놀라며 두려워했습니다.

그 섬에는 크고 훌륭한 오십사 개의 도시들[3]이 있으며 그 도시들의 언어와 법률, 풍습, 제도 등은 모두 동일합니다. 도시들의 구조도 모두 비

---

2) 고대 그노시스(Gnosis:기원 2세기 경의 이단 기독교)파의 교도들이 신봉하고 있던 신 아브락사스 (Abraxas) 로부터 모어가 만들어낸 말.

3) 이 섬은 영국을 암시하고 있는 듯하다. 당시 영국에는 오십삼 개의 주 (州)가 있었으며, 런던을 한 개의 주(州)로 보면 오십사 개의 주가 된다.

숫하며 모습도 매우 흡사합니다. 도시들 사이의 가장 가까운 거리는 이십사 마일이며 가장 먼 거리도 걸어서 하루면 도착합니다.

각 도시에서는 매년 나이가 많고 경륜 있는 세 명의 원로를 아마우로툼(Amaurotum, 검은 도시, 우중충한 런던을 암시)[4]에서 열리는 회의에 참석시켜 그들의 공동 문제를 논의하게 합니다. 아마우로툼은 그 나라의 수도(首都)로서 어느 도시에서나 쉽게 올 수 있도록 나라의 중앙에 위치해 있습니다. 각 도시들에게는 사방으로 각기 십이 마일 이상의 영토가, 그리고 멀리 떨어져 있는 도시들은 그보다 훨씬 더 넓은 영토가 할당되어 있습니다. 어느 도시든 자기들의 영토를 넓히려는 생각은 조금도 하지 않습니다. 그들은 영토의 주인이 아니라 다만 경작자(耕作者)로만 생각하기 때문입니다.

농촌 지역에는 적당한 거리를 둔 농가(農家)들이 농기구를 완비해 놓았으며 도시에 사는 사람들이 교대로 그 농가에 와서 삽니다. 각 농가(農家)에는 사십 명 이상의 성인 남녀와 그곳에 상주(常住)하는 노예 두 명이 거주하도록 되어 있으며, 그들은 성실한 중년 부부에게 관리를 받습니다. 그리고 서른 가구마다 한 명씩 관리를 맡는 필라치(phylarch)[5]가 있습니다.

매년 각 농가의 이십 명이 2년 동안의 농촌 생활을 마치고 도시로 되돌아가며, 그들 대신 이십 명의 도시인들이 농가로 내려옵니다. 그러면

---

4) 〈어두컴컴한 도시〉라는 뜻으로, 유토피아의 수도. 안개가 많은 런던을 의미하는 듯하다.
5) 〈족장(族長)〉이라는 뜻.

도시에서 새로 내려온 사람들은 1년 먼저 내려와 농사일에 보다 익숙한 사람들로부터 농사일을 배우지요. 다음 해에는 그들이 또 새로 온 사람들에게 일을 가르쳐주게 됩니다. 그렇게 함으로써 농사일이 서투르다는 이유로 식량이 부족하게 되는 일이 없도록 합니다.

농경자(農耕者)를 교대로 바꾸는 이 제도는 원하지 않음에도 불구하고 지나치게 오랫동안 힘든 농사일에 종사하는 일이 없도록 하기 위한 규칙입니다만, 농사를 지으며 자연의 즐거움을 느끼는 사람은 허락 하에 몇 년 더 머무를 수 있습니다.

농부들은 땅을 경작하고 가축을 기르며 나무를 베어 육로(陸路)나 수로(水路)를 통해 도시로 운반합니다. 그들은 놀라운 기술로 엄청나게 많은 수의 닭을 기를 수 있습니다. 암탉이 알을 품어 병아리를 까는 것이 아니라 수많은 알들을 일정한 온도로 유지시켜 병아리를 까는 것입니다. 그리하여 병아리들은 알을 깨고 나오자마자 부화시킨 사람을 제 어미로 알고 쫓아다닙니다.

말(馬)은 몇 마리밖에 기르지 않습니다. 모두 훌륭한 말들만 골라 젊은 이들이 승마(乘馬) 기술을 익히는 데에만 사용됩니다. 농지(農地)를 경작하거나 물건을 운반하는 데에는 황소를 이용합니다. 빨리 달리기에는 황소가 말보다 뒤떨어지지만 지구력과 인내력에 있어서는 말보다 우월하며, 또 질병에도 잘 걸리지 않아 기르기도 쉽고 비용도 적게 들며, 이윽고 늙어서 일을 하지 못하게 되면 고기로 먹을 수도 있다는 것을 잘 알기 때문입니다.

곡식은 빵을 만들기 위해서만 사용되며 술은 만들지 않습니다. 그들은 술을 마시지 않고 포도주나 사과주, 배(梨)즙을 마시거나 물에 이곳에서 많이 나는 꿀이나 향료를 넣어 마시기도 합니다.

각 도시의 당국에서는 매년 곡식 소요량을 정확하게 산출합니다. 그렇지만 만약에 부족할지도 모를 이웃 도시들을 위해 자신들의 소요량보다 넉넉한 양을 생산하여 곡식을 충분히 비축해 놓습니다. 농촌에서 생산할 수 없는 필수품은 당국에 요청만 하면 도시로부터 즉시 무상(無償)으로 공급받습니다. 한 달에 한 번 있는 휴일에 많은 사람들이 도시로 가므로 필요한 물품을 농촌으로 운반하는 데에는 아무런 어려움도 없습니다.

곡식을 거두어들일 때가 되면 필라치(phylarch)들은 추수를 하는 데 필요한 일손을 도시의 당국에 신청합니다. 그러면 요청한 일꾼들이 정확한 날짜에 농촌으로 내려옵니다. 그렇게 하여 날씨가 좋기만 한다면 하루에 모든 추수를 끝낼 수도 있지요.

도시들, 특히 아마우로툼(Amaurnotum)에 대하여

이제 도시들에 대해 좀더 자세히 말씀드리겠습니다. 지리적인 조건 때문에 어쩔 수 없는 경우만 아니면 도시들의 구조는 서로 아주 흡사하기 때문에 한 도시만 알면 나머지 다른 도시들에 대해서도 대충 알게 될 것입니다. 그러니 어느 도시에 대해 설명하든 마찬가지이겠지만 나는 아마우로툼(Amaurotum)에 대해 설명하기로 하겠습니다. 이 도시는 매년 각 도시의 대표들의 모임인 원로원 회의가 열리는 이 나라의 수도(首都)이며 또 내가 5년 동안 살았던 곳이라 가장 잘 알고 있는 도시이니까요.

아마우로툼은 완만하게 경사진 언덕 기슭에 위치한 도시로서 거의 정사각형의 형태를 하고 있습니다. 이 도시는 언덕 꼭대기 바로 밑에서 시작하여 애니드루스(Anydrus, 런던의 강을 암시)[6] 강을 따라 내려오며 폭은 약 2마일 정도 되고 길이는 2마일이 약간 넘습니다.

애니드루스 강의 수원(水源)은 내륙(內陸) 쪽으로 약 팔십 마일 떨어져 있는 작은 샘이지만, 아마우로툼에 이르기까지 몇 개의 물줄기 — 그것들 중 두 개는 제법 큰 물줄기입니다만 — 와 합쳐져 아마우로툼에 이르면서 폭이 오백 야드 이상 되는 넓은 강이 된 것입니다. 이 강은 하류로 내려갈수록 점점 넓어지며 마침내 육십 마일 떨어진 바다로 흘러 들어 갑니다.

---

6) 〈물이 없는〉이라는 뜻.

바다로부터 이 도시 안쪽 몇 마일에 이르는 지역은 바닷물의 영향을 받아 6시간마다 조수 간만의 급류가 흐릅니다. 밀물 때의 강물의 속도와 썰물 때의 강물의 속도가 같은 거지요. 밀물 때에는 바닷물이 삼십 마일까지 강으로 밀려들어와 강은 바닷물로 가득 차게 됩니다. 이때에는 강 상류의 물까지 짠 바닷물이지만 곧 빠져나가 점점 맑아지는 강물이 도시를 흐르게 됩니다. 썰물 때에는 바닷물을 밀어내고 맑은 물이 거의 강 입구까지 채웁니다.

이 도시는 다리로 강 건너편과 연결되어 있는데, 아름다운 아치(Arch)형의 그 다리는[7] 나무 기둥이나 목재가 아니라 단단한 석재로 만들어졌습니다. 이 다리는 배들이 강을 따라 도시까지 들어올 수 있도록 도시의 내륙(內陸) 쪽 끝에 위치해 있습니다.

이외에 또 하나의 강(런던의 샛강)[8]이 흐르고 있는데 그다지 크지는 않지만 매우 아름다운 강입니다. 이 강은 아마우로툼 도시가 있는 언덕으로부터 흘러내려 이 도시 중심부를 관통한 후 애니드루스(Anydrus) 강으로 흘러 들어갑니다. 시민들은 도시에서 조금 떨어져 있는 이 강물의 수원(水源)을 성벽 안으로 끌어들였습니다. 만약에 적이 공격해 오더라도 적군이 이 강물을 막거나 다른 데로 물줄기를 돌리려 하거나 강물에 독약을 풀지 못하도록 하기 위해서입니다.

이 강물은 수원(水源)에서부터 돌로 만든 수로(水路)를 통해 하류 지역으로 흘려보내 도시의 여러 지역에 물을 공급합니다. 다만 이렇게 물을

---

7) London Bridge 를 암시.
8) Fleet River 를 가리키는 듯하다.

공급받기 어려운 지역의 주민들은 커다란 저수지에 빗물을 받아 사용하기도 합니다.

이 도시는 높고 두터운 성벽에 의해 둘러싸여 있으며 성벽 위에는 적당한 간격을 두고 탑과 보루(堡壘)들이 있습니다. 이 도시의 삼면(三面)은 배수(排水)가 잘 되고, 매우 넓고 깊은 도랑에는 가시덤불로 방비된 외호(外護)로 둘러져 있으며, 다른 한 면은 강이 외호 역할을 하고 있습니다.

도로들은 마차 통행이 용이하고 바람에 의해 피해를 받지 않도록 잘 설계되어 있으며, 거리를 따라 양쪽에 마주보며 줄지어 서 있는 건물들도 매우 훌륭합니다.

마주보는 주택들 사이에는 이십 피트 폭의 도로가 있으며, 주택 뒤쪽에는 울타리를 두른 큰 정원이 있습니다. 거리 쪽으로 난 출입문과 정원 쪽으로 난 출입문 모두 양쪽으로 출입할 수 있으며 쉽게 열 수 있고 저절로 닫힙니다. 사람들은 누구나 그 문을 통해 마음대로 드나들 수 있습니다. 집이 사유 재산이 아니기 때문이지요. 사람들은 십 년마다 제비를 뽑아 집을 바꾸어 가며 삽니다.

사람들은 이 정원을 매우 좋아하며 이 정원에 화초뿐만 아니라 과일나무들을 키웁니다. 그들은 정원을 정말 아름답게 가꿉니다. 나는 그토록 아름답고 온갖 과일이 주렁주렁 달린 정원을 본 적이 없습니다. 그들이 정원을 그토록 아름답게 가꾸는 것은 정원을 좋아하기 때문이기도 하지만 구역마다 최고의 정원을 뽑는 경쟁 때문이기도 합니다. 정원을 가꾸는 것만큼 이 도시의 시민들에게 즐거움과 유익함을 주는 것은 아마도 없을 것입니다. 그래서 나는 이 도시를 창건한 사람의 가장 큰 취미가 정원 가꾸기가 아닌가 하고 여길 정도입니다.

　이 도시의 창건자(創建者)인 유토포스(Utopos)는 통치를 시작하자마자 이 도시를 완벽하게 만들고 싶었다고 합니다. 하지만 자기의 일생을 바쳐서도 완벽한 도시로 만들 수는 없다는 것을 깨닫고는 후손들로 하여금 개선하고 발전시키게 했습니다. 유토포스가 이 나라를 정복한 이후 1,760년 동안의 역사를 자세하게 기록한 그들의 역사 기록에 의하면 최초의 주택은 목재로 마구 지은 오두막이나 움막이었으며 벽에는 진흙을 바르고 지붕은 짚으로 덮었답니다.

　그러나 오늘날의 주택들은 모두 3층으로 지어졌으며, 벽은 단단한 돌이나 벽돌로 되어 있고 지붕은 평평한 모양에 일종의 회반죽을 발랐는데 그것은 값이 저렴할 뿐만 아니라 비나 불에도 강합니다. 그들은 창문을 유리로 만들어 바람이 들어오지 못하게 하며, 때로는 기름칠을 한 아마포(亞麻布)를 사용하기도 합니다. 그런 창문은 햇빛을 차단하지 않으면서도 바람을 잘 막아 주기 때문입니다.

관리에 대하여

이제 지역 자치 제도(地方自治制度)에 대해 설명하겠습니다. 그곳에서는 삼십 세대가 한 단위를 이루고 있으며 한 단위에서 매년 한 명의 관리를 선출합니다. 예전에는 그 관리를 시포그란트(syphogrant)라고 불렀으나 지금은 필라치(phylarch)라고 불립니다. 그리고 열 명의 시포그란트가 있는 삼백 세대마다 한 명의 대표를 선출하는데, 예전에는 트라니보(tranibor)라고 불렀으나 현재는 프로토필라치(protophylarch)라고 부르지요.

각 도시들에는 이백 명의 시포그란트들이 있으며, 이들이 도시의 시장(市長)을 선출합니다. 그들은 시장을 선출함에 있어서 가장 적임자(適任者)로 보이는 사람에게 투표를 하겠다는 엄숙한 서약을 한 다음, 도시의 네 개의 지구(地區)에서 지구 대표(地區代表)로 선출되어 추천된 네 명의 후보자들 중 한 사람에게 비밀 투표를 합니다.

시장(市長)은 독재권을 행사하려 하지 않는 한 평생토록 시장직에 있게 됩니다. 매년 트라니보루스를 선출하는 투표를 하지만 트라니보루스가 바뀌는 일은 거의 없습니다. 그 밖의 다른 관리들의 임기는 1년입니다.

트라니보루스들은 3일마다 한 번씩, 필요에 따라서는 더 자주 시장과 함께 공공복지에 대해 논의합니다. 실제로 그런 일은 극히 드물지만 시민들 사이에 분쟁이 생기면 지체 없이 해결해 주기도 합니다. 그들은 회의가 열릴 때마다 매번 다른 두 명의 시포그란트를 참석시킵니다.

공공복지에 관한 모든 안건은 3일 동안의 회의를 거쳐야만 비로소 결정을 내릴 수 있도록 되어 있습니다. 공무에 관한 안건을 트라니보루스들의 회의나 시포그란트들의 회의 이외의 임의의 모임에서 논의하는 것은 사형 등 중죄(重罪)에 해당하는 경우입니다. 이런 규칙을 만든 이유는 시장(市長)과 트라니보루스들이 공모하여 독재 정치를 하거나 마음대로 법률을 고치는 것을 방지하기 위해서입니다.

중요한 안건들은 먼저 시포그란트들의 회의에 상정(上程)됩니다. 그러면 각 시포그란트들은 그 안건을 자기가 관장하는 삼십 세대의 사람들에게 설명하고 함께 논의한 다음 그들의 의견을 트라니보 회의에 보고합니다. 때로는 의회에 상정(上程)되는 경우도 있지요.

또한 트라니보 회의에서는 어떤 안건도 최초로 제안되는 그날로 토론에 들어가는 일은 없습니다. 모든 안건은 차기(次期) 회의에서 논의됩니다. 그 이유는 처음 제안된 그날 그 안건에 대해 논의하게 되면 트라니보들은 공공의 이익을 염두에 두지도 않고 머리에 떠오르는 대로 의견을 말할 것이며 자신을 정당화시키기 위해 그릇된 주장을 고집할 우려가 있기 때문입니다. 또한 그런 사람들은 다음 회의에서 자기의 발언을 취소한다든지 견해를 바꾸면 다른 사람들로부터 부주의하고 생각이 없는 인간이라는 비난을 듣는 것이 두렵기 때문에 공공의 이익을 희생시켜서라도 자신의 체면을 세우려고 계속 고집을 부릴 수 있지요. ── 성급히 발언하기 전에 그 안건에 대해 신중히 검토했어야 했을 것입니다.

직업에 대하여

이제 그들의 직업에 대해 말씀드리겠습니다. 남녀를 막론하고 그들 모두에게 공통된 직업이 하나 있습니다. 그것은 농업이지요. 그들은 어릴 때부터 농사짓는 법을 배웁니다. 그들은 학교에서 농사 이론을 배우며, 가까운 들판에 나가 농사짓는 것을 보고 때로는 직접 농사일을 해 보는 실습을 통해 농사짓는 법을 익힙니다.

그들은 농업 이외에도 자신이 하고 싶은 직업 교육을 받습니다. 어떤 사람은 직조(織造)를 배우고 어떤 사람은 석공(石工) 일을 배우며, 또 어떤 사람은 철공(鐵工)이나 목공(木工)을 배웁니다. 대부분의 사람들이 이런 종류의 일을 배우게 됩니다.

그곳에 재봉사는 필요 없습니다. 성별(性別)과 체구에 따라 약간 다른 옷을 입기는 하지만 거의 똑같은 옷을 입으며 옷의 모양도 변하지 않기 때문입니다. 그들이 입는 옷은 보기에도 좋고 활동하기에도 편할 뿐만 아니라 추운 날씨나 더운 날씨에도 입을 수가 있습니다. 그들은 옷을 집에서 직접 만들어 입습니다.

사람들은 남녀를 막론하고 앞에서 말한 직종 중 어느 하나를 배웁니다. 힘이 약한 여자들은 양털을 가공하거나 삼베를 짜는 일과 같은 가벼운 일을 배우며 남자들은 보다 힘든 일을 배웁니다. 또한 대부분의 어린 아이들은 부모가 하는 일을 배웁니다. 아이들은 자신의 부모가 하는 일에 선천적인 재능을 갖고 있는 경향이 많기 때문이지요. 하지만 부모와 다른 일을 하고 싶을 때에는 그 일을 하는 가정에 양자(養子)로 들어가야 합니다. 이런 경우에는 그의 부모뿐만 아니라 당국에서도 훌륭하고 점 잖은 양부모(養父母)를 만날 수 있도록 최선을 다해 주선해 줍니다.

만일 어떤 사람이 한 가지 일을 완전히 익힌 후 다른 일을 배우고 싶다면 그렇게 할 수 있습니다. 그래서 그가 두 가지 일을 익혔다면 당국이 그에게 어떤 일에 종사하기를 요구하지 않는 한 그 사람은 자신이 선택한 일에 종사할 수 있습니다.

시포그란트(syphogrant)들의 중요한 임무 — 실은 이것이 그들의 유일한 임무이지만 — 는 시민들 중 어느 한 사람도 아무 일도 하지 않고 빈둥거리는 일이 없도록 직업을 갖게 하는 것입니다. 그렇다고 해서 시민들을 아침 일찍부터 저녁 늦게까지 짐을 운반하는 말(馬) 부리듯이 일을 시켜 지치게 하지는 않습니다. 유토피아가 아닌 다른 나라들에서는 사람들이 그렇게 혹사당하고 있지요. 그것은 노예 생활이 아닙니까?

그러나 유토피아에서는 하루에 6시간만 일합니다. 오전에 3시간 일한 다음 점심 식사를 하지요. 그러고 나서 두 시간 쉬고 오후에 3시간 일합니다. 그리고 저녁 식사를 한 후 8시에 잠자리에 들어 보통 8시간 정도 잠을 잡니다. 그 이외의 시간은 하고 싶은 것을 마음대로 할 수 있는 자유 시간입니다. 다만 게으름과 방탕으로 낭비하기 위한 시간이 아니라 자신에게 유익한 활동을 위한 시간이지요.

대부분의 사람들은 아침에 하는 공개 강의를 듣습니다. 교육을 받도록 선택된 사람들 이외에는 강의에 참석할 의무는 없습니다. 그럼에도 불구하고 남녀를 막론하고 각계 각층의 사람들이 구름처럼 모여들지요. 그들은 자신의 취향에 따라 각기 다른 강의를 선택하여 듣습니다. 하지만 지적(知的) 능력을 갖추지 못한 사람들의 경우나 강의를 원하지 않을 때에는 여가 시간에 자신의 일을 계속할 수가 있습니다. 그 역시 사회 복지를 위한 유익한 행위로서 칭찬을 받을 수 있습니다.

저녁 식사를 마친 후에는 여름에는 정원에서, 겨울에는 식사를 한 회관에서 한 시간 정도의 즐거운 시간을 갖습니다. 어떤 사람은 음악을 연주하기도 하고 또 어떤 사람들은 대화를 나누기도 합니다. 그러나 주사위 놀음과 같은 어리석으면서 사회를 어지럽히는 놀이에 대해서는 들어본 적조차 없습니다.

그들은 체스와 흡사한 도구로 두 가지 종류의 놀이를 합니다. 그중 하나는 숫자 놀이로 한 숫자가 다른 숫자를 빼앗는 놀이입니다. 또 다른 하나는 체스를 가지고 하는 미덕과 악덕과의 싸움 놀이도 있습니다. 이 놀이는 악덕이 서로 다투면서도 미덕에게 대항할 때는 서로 힘을 합친다는 것을 보여 주며, 또 악덕이 어떤 힘과 계략으로 미덕을 공격하는가, 미덕은 어떻게 악덕의 힘에 대항하는가, 그리고 마침내 미덕이나 악덕 어느 한쪽이 어떤 방법으로 승리를 거두는가를 보여 줍니다.

그런데 당신들이 오해하지 않으려면 주의를 기울여야 할 것이 한 가지 있습니다. 하루에 6시간밖에 일하지 않으면 필수품이 부족하게 될 것이라고 생각할지도 모릅니다. 그런데 안락한 생활에 필요한 모든 것들을 생산하기에는 6시간의 노동만으로도 충분합니다. 다른 나라들의 경우에 일하지 않고 빈둥거리며 노는 사람들이 전체 인구의 얼마나 높은 비율을 차지하고 있는가를 본다면 그 이유를 금방 알 수 있을 것입니다.

다른 나라에서는 첫째, 전체 인구의 거의 오십 퍼센트를 차지하는 여자들이 일을 하지 않으며 여자들이 일을 하는 나라에서는 남자들이 빈둥거리는 경향이 있습니다. 둘째, 소위 성직자(聖職者)라고 불리는 엄청난 수의 사제(司祭)들이 그러하며 부유한 자들, 특히 많은 토지를 소유하고 있는 지주(地主)들, 귀족으로 알려진 자들과 이런 자들에게 붙어서 먹고 사는 수많은 식객들 — 여기서 식객들이란 내가 앞에서 말한 바 있는 건달 같은 부랑자들을 의미합니다. — 이 그러하며, 건강하면서도 병자인 체하며 구걸을 하고 게을러빠진 수많은 비렁뱅이들이 그러합니다.

이런 수많은 사람들을 제외하면 실제로 인간에게 필요한 것들을 생산하는 일에 참여하는 사람들의 수가 생각보다 매우 적다는 것을 알고 당신들은 깜짝 놀랄 것입니다. 게다가 생산 활동을 한다는 얼마 되지 않은 사람들 중에서도 과연 참된 의미에서의 생산 활동을 하는 사람들이 얼마나 되는가를 눈여겨보십시오. 돈만이 유일한 가치 기준인 나라에서는 많은 사람들이 사치품을 만들어 내거나 방탕을 만족시키는 일에 종사하는 등 삶에 있어서 불필요한 일들을 하고 있습니다.

그리고 정말로 사람들이 필요로 하는 물품을 생산하는 일을 몇몇 직종에만 종사한다고 상상해 보십시오. 그렇게 되면 그 몇 가지 품목은 지나치게 많이 생산되어 값이 떨어져서 그 물품을 생산하던 사람들은 생계를 유지하기 어렵게 될 것입니다. 반면 삶에 불필요한 일을 하는 자들, 또는 사람들이 소비하는 양의 두 배나 소비하면서 빈둥거리는 게으름뱅이들이 생산적인 일에 나선다면 하루에 불과 몇 시간 동안의 일만으로도 그들의 안락한 생활에 필요한 모든 것들을 충분히 생산할 수 있다는 것을 쉽게 알 것입니다.

유토피아는 이 사실을 충분히 입증하고 있습니다. 아마우로툼 (Amaurotllm) 시(市)와 그 주변에 살고 있는 사람들 중 일상적인 일로부터 면제된 사람의 수는 기껏해야 오백 명밖에 되지 않습니다. 여기에는 시포그란트(syphogrant)들까지 포함되며 그들은 법적으로 일상적인 일로부터 해방되어 있습니다. 그럼에도 불구하고 모범을 보이기 위해 자발적으로 일합니다.

일상적인 일로부터 해방된 사람들 중에는 학문을 연구하는 사람들도 포함됩니다. 이들은 성직자들의 추천과 시포그란트들의 비밀 투표에 의해 그들이 학문에 몰두할 수 있도록 노동의 의무가 면제된 사람들입니다. 그렇지만 그들 중 기대만큼 성과를 내지 못한 사람은 다시 노동자로 환원됩니다. 이와 반대로 자유 시간에 학문을 연구하여 훌륭한 성과를 보여 주는 노동자도 종종 있습니다. 그러면 그는 일상적인 일로부터 해방되어 학문 연구에 몰두할 수 있게 됩니다. 대사, 성직자, 트라니보루스 그리고 시장(市長) — 예전에는 시장을 바자네스(Barzanes, 제우스의 아들)라고 불렀으나 지금은 아데무스(Ademus, 시민들이 없는)라고 부릅니다. — 은 이들 학자들 중에서 선발됩니다.

이들을 제외하고는 빈둥거리거나 비생산적인 일을 하는 사람은 거의 없습니다. 때문에 그들이 하루에 몇 시간만 일하면서도 안락한 생활에 필요한 모든 것들을 충분히 생산할 수 있다는 사실을 당신들은 이해할 수 있을 것입니다.

위에서 말한 것 이외에 주의를 기울여야 할 것이 또 하나 있습니다.

그들은 다른 나라 사람들보다 더 경제적으로 일한다는 것입니다. 다른 나라 사람들은 집을 수리하기 위해 수시로 많은 일꾼들을 부릅니다. 아버지가 집을 지어 아들에게 물려주면 방탕한 아들은 그 집을 보살피지 않아 황폐하게 버려 두기 때문에 적은 비용으로 오래 유지할 수 있었던 집을 막대한 비용을 들여 집을 수리하게 됩니다. 또 때로는 막대한 비용을 들여 지은 집을 까다로운 취향으로 인해 만족하지 못하고 소홀하게 관리하다가 마침내 그 집이 못쓰게 되면 또 막대한 비용을 들여 다른 곳에 새로 집을 짓습니다.

그러나 모든 것이 국가 관리 하에 있는 유토피아에서는 집을 다른 곳에 새로 짓는 일은 거의 없으며, 수리해야 할 부분이 있으면 즉시 수리를 하여 사용합니다. 이렇게 그들은 최소의 노동력으로 최대한 오랜 기간 집을 유지합니다. 따라서 건축업을 하는 사람들은 할 일이 없는 경우도 종종 있습니다. 그럴 때는 나중에 집을 짓는 일이 생길 때를 대비해서 미리 나무를 자르거나 돌을 다듬는 일을 합니다.

그리고 그곳에서는 옷을 만드는 데 있어서도 얼마나 많은 노동력이 절감되는지 주의를 기울여야 합니다. 그들의 작업복은 헐렁한 가죽옷이나 덧바지로서 한 벌로 7년 이상 입지요. 외출할 때에는 거친 작업복을 가리기 위해 그 위에 외투를 입는데, 그 외투의 색깔이나 털은 천연색 그대로입니다. 따라서 유토피아 사람들의 털옷 소비량은 다른 나라 사람들보다 적으며 털옷을 만드는 데 드는 비용 또한 세계에서 가장 쌉니다. 게다가 그들은 만들기 쉬운 삼베옷을 더 많이 입습니다. 그들은 삼베옷이 하얗고 깨끗하기만 하다면 올이 가는지 거친지는 신경을 쓰지 않습니다.

다른 나라 사람들은 털옷 대여섯 벌과 비단옷 대여섯 벌을 갖고 있으면서도 만족하지 못하며, 옷을 잘 차려 입는 멋쟁이들은 각기 다른 옷 열 벌 이상을 원하기도 합니다. 그러나 유토피아 사람들은 2년마다 옷 한 벌을 지어 입는 것으로 만족합니다. 그들에게는 더 많은 옷을 원할 필요가 없습니다. 옷을 많이 갖고 있다고 해서 더 따뜻해지는 것도 아니며 멋있게 보이는 것도 아니라는 것입니다.

사람들은 모두 유익한 일을 하고 있으며 또 적은 것으로도 만족하기 때문에 그곳에서는 적은 노동으로도 안락한 생활을 위해 필요한 물건들을 충분히 생산할 수 있습니다. 가끔 보수해야 할 도로가 있든지 할 경우에는 엄청난 노동력을 그곳에 투입할 때도 있으나 그렇지 않을 때에는 시민들에게 불필요한 일을 강요하지 않습니다. 그들 경제의 가장 큰 목적은 모든 사람들을 가능한 한 육체적 노동으로부터 해방시켜 자신의 마음을 갈고 닦을 수 있는 자유 시간을 많이 주는 것입니다. 그들은 그것을 행복한 삶의 조건으로 생각합니다.

사회 구조에 대하여

이제 그들의 사회 구조에 관해 말씀드려야 하겠군요. 그들의 사회가 어떻게 구성되어 있고 서로에 대해 어떻게 행동하며 재화는 각자에게 어떻게 분배되는가 등에 관해서 말입니다. 사회의 최소 단위는 가정이며 가정은 혈연관계로 이루어져 있습니다. 여자아이가 다 자라면 결혼하여 남편의 집으로 가게 되며 남자들은 자신의 집에 머물러 삽니다. 남자들은 집안에서 나이가 제일 많은 가장의 통제를 받습니다. 그 가장이 지나치게 노쇠하게 되면 그 다음으로 나이가 많은 남자의 통제를 받게 되지요.

외곽에 있는 가정들을 제외하면 각 도시들은 육천 가구로 이루어져 있습니다. 도시의 인구가 지나치게 증가하거나 지나치게 감소하는 것을 방지하기 위해 각 가정은 열 명 이하나 열여섯 명 이상의 성인 남자가 있어서는 안 된다고 법률로 정하고 있습니다. 다만 어린아이들의 수에는 제한을 두지 않습니다.

이 제도는 정원이 초과된 가정으로부터 정원이 모자라는 가정으로 이주시킴으로써 쉽게 지켜질 수 있습니다. 마찬가지로 어떤 도시의 인구가 제한 인원을 초과한 경우에는 인구 수가 비교적 적은 도시로 이주시키며, 나라 전체의 인구가 지나치게 많을 경우에는 각 도시로부터 일정한 수의 인원을 뽑아 아직 개간되지 않은 광대한 농경지가 있는 바다 건너편의 본토로 이주시킵니다.

본토로 이주한 사람들도 유토피아의 통치를 받지만 본토에 있던 원주민들이 원할 경우에도 유토피아의 통치를 받으며 이주한 사람들과 함께 살 수 있습니다. 그런 경우에 원주민들과 이주민들은 융합하여 동일한 생활 방식을 가진 사회를 형성합니다. 이것은 이주민들에게뿐만 아니라 원주민들에게도 매우 유익한 일이지요. 이제까지 불모의 땅으로 취급되었던 농경지들이 유토피아인들에 의해 개간되어 그들에게 충분한 식량을 공급해 줄 수 있게 되었기 때문입니다.

만일 이주민들과 함께 사는 원주민들이 유토피아의 법률을 따르려 하지 않으면 그들을 병합지(倂合地)로부터 추방됩니다. 그들이 저항하면 유토피아인들은 전쟁을 선포합니다. 어느 민족이 경작하지도 않으면서 무가치하게 소유만 하고 있는 땅을 다른 민족이라도 경작할 수 있는 천부의 권리를 부정한다면 전쟁을 일으켜도 정당하다고 유토피아인들은 생각하기 때문입니다.

그리고 한 도시의 인구가 지나치게 감소했는데 다른 도시의 인구를 최소한으로 줄이고도 유토피아의 다른 도시에서 이주시키는 것만으로 보충할 수 없을 경우에는 — 그들의 역사상 두 번, 심한 전염병으로 그런 일이 있었다고 합니다. — 나른 노시의 사람들을 이주시켜 유토피아 공화국 세력을 약화시키는 것보다는 본토의 원주민들을 불러들여 보충합니다.

다시 그들의 사회 구조를 살펴봅시다. 각 가정은 앞에서 말한 바와 같이 최고 연장자에 의해 다스려집니다. 아내는 남편에게 복종하고 아이들은 부모에게 복종하며 젊은이들은 어른들에게 복종합니다.

각 도시들은 4등분되어 네 개의 지구(地區)로 나뉘어 있으며, 각 지구의 중앙에는 시장(市場)이 있습니다. 각 가정에서 생산한 모든 물품은 이 시장의 창고에 보관되었다가 품목별로 상점에 분배됩니다. 가정에서 필요한 물품이 생기면 그 가정의 최고 연장자가 상점으로 가서 필요한 물품을 요청합니다. 이때 아무것도 지불할 필요 없이 필요한 물품을 그냥 가지고 오면 됩니다. 모든 것이 풍족하므로 누구나 자기에게 필요한 것만을 가지고 가지요.

　필요한 물건을 언제라도 가져갈 수 있다는 것을 알면서 필요 이상의 물량을 요구할 사람이 어디 있겠습니까? 동물들의 경우에는 궁핍에 대한 두려움 때문에 탐욕스러워지며 인간의 경우에는 자기가 다른 사람들보다 더 풍족하다는 것을 뽐내고자 하는 허영심 때문에 탐욕스러워지는 것입니다. 하지만 유토피아인들의 생활에는 탐욕, 허영심 등의 악덕이 생겨날 여지조차 없습니다.

　이 시장에는 육류(肉類)와 생선, 빵, 과일, 채소 등을 얻을 수 있는 식료품점들도 있습니다. 도시 외곽에 특별한 장소에서 가축 및 물고기의 피나 더러운 것들을 흐르는 물에 씻어 버립니다. 가축을 죽이는 일과 찌꺼기를 처리하는 일은 노예들이 합니다. 당국에서는 일반인들이 동물을 죽이는 것을 허락하지 않습니다. 동물을 죽이게 되면 인간의 아름다운 천성이 파괴된다고 보기 때문입니다. 또한 더럽고 불결한 것들을 시내로 갖고 들어오는 것도 금지되어 있습니다. 그것은 대기의 오염과 질병을 방지하기 위해서입니다.

　거리에는 일정한 간격을 두고 커다란 건물이 서 있으며, 그 건물들은 각기 명칭이 있습니다. 그 건물들은 시포그란트(syphogrant)들이 사는 곳이며 그 지역의 주민 서른 세대가 모여 식사하는 곳이기도 합니다. 그들은 한쪽에 열다섯 세대씩 양쪽에 앉아 함께 식사를 하지요. 각 식당의 관리인들은 일정한 시각에 시장에서 만나 각기 식사할 사람의 수를 보고한 후 그 수효에 따라 식량을 배급받습니다.

그런데 식량 배급에 우선권이 있는 사람들은 병원의 환자들입니다. 도시의 성벽 가까운 교외에 네 개의 국영 병원(國營病院)이 있습니다. 각 병원들은 거의 작은 도시만큼이나 큽니다. 병원들이 그토록 큰 것은 첫째, 많은 환자들이 동시에 생긴다 하더라도 아무런 불편 없이 수용할 수 있도록 하기 위함이며 둘째, 전염병 환자들을 따로따로 격리 수용할 수 있도록 하기 위함입니다. 각 병원에는 환자 치료에 필요한 모든 설비들이 구비되어 있으며, 경험이 많은 의사들과 친절한 간호사들이 병원에 상주(常住)하여 환자들을 정성껏 보살펴 줍니다. 그러므로 병원에 가기 싫어하는 환자는 아무도 없으며 환자들은 집보다는 오히려 병원에 있으려 합니다.

의사들의 지시를 받은 병원의 식사 관리인이 우선 식량을 배급 받고 나면 나머지 식량들은 식사할 사람들의 수에 따라 각 식당의 관리들에게 공평하게 분배됩니다. 다만 이때 시장(市長), 주교(主敎), 트라니보(trambor), 외교 사절, 외국인 등에게 먼저 배급합니다. 드물기는 합니다만 외국인이 있을 경우에는 특별히 마련된 집을 제공하여 환대합니다.

점심이나 저녁 식사 시간이 되면 나팔을 불어 식사 시간을 알립니다. 그러면 병원에 있는 환자들과 몸이 아파 집에 남은 사람을 제외하고는 모든 사람들이 식당으로 모여듭니다. 식당의 관리인들에게 식량 분배가 끝나면 시장의 식료품을 집으로 갖고 갈 수도 있습니다. 그러나 특별한 이유가 있지 않는 한 그렇게 하는 사람은 아무도 없습니다. 다시 말해 집에서 식사하는 것을 금하는 것은 아니지만 그렇게 하려는 사람은 거의 없습니다. 집에서 혼자 식사하는 것을 바람직한 행위로 생각하지 않으며 또 식당에는 맛있는 음식이 기다리고 있는데 그리 맛이 좋지 않은 음식을 집에서 만드느라고 애쓴다는 것은 어리석은 짓임을 잘 알기 때문입니다.

식당의 지저분하고 힘든 일은 모두 노예들이 합니다. 그렇지만 음식을 준비하거나 요리를 하거나 식탁을 차리는 일 등은 각 가정의 주부들이 번갈아 가며 합니다. 각 가정은 가족들의 수에 따라 두세 명씩 식탁에 둘러앉아 식사를 하는데 남자들은 벽 쪽에 앉고 여자들은 출입문 쪽에 앉습니다. 그것은 임신한 여자들에게 가끔 일어나는 일이지만 여자들에게 아픔이나 고통을 느낄 때 다른 사람을 방해하지 않고 유아실로 가기 쉽도록 하기 위해서입니다.

유아실이란 유모들과 아기들을 위해 마련된 방으로, 그 방은 항상 따뜻하며 깨끗한 물과 요람(搖籃)들이 갖추어져 있어 아기들을 요람에 눕힐 수도 있고 따뜻한 난로 곁에서 자유롭게 놀게 할 수도 있습니다. 가능한 한 아기들은 어머니가 키웁니다. 그렇지만 어머니가 죽거나 병들게 되면 시포그란트(syphogrant)의 아내들은 즉시 유모 한 사람을 구해 줍니다. 그것은 조금도 어려운 일이 아닙니다. 유모 역할을 맡아 줄 수 있는 여성들은 누구나 기꺼이 자원하며, 사람들은 그러한 온정의 행위를 높이 칭송하고 아이들도 그 유모를 친어머니처럼 따릅니다. 이 유아실은 만 5세 이하의 어린이들이 식사를 하는 곳이기도 합니다.

그런데 결혼할 나이가 채 되지 않은 청소년들은 식당에서 심부름을 하거나 더 어린 소년 소녀들과 식탁 곁에 조용히 서 있습니다. 이들에게는 별도의 식사 시간이 정해져 있지 않고 어른들이 식탁에서 집어 주는 음식으로 식사를 합니다.

식당 제일 안쪽 중앙에는 상석(上席)이 있으며 그곳에서는 식당에서 식사하는 사람들을 한눈에 볼 수 있습니다. 상석에는 시포그란트 (syphogrant) 내외와 두 사람의 최고 연장자 주민이 함께 앉습니다. 한 테이블은 네 명씩 앉을 수 있도록 좌석이 배치되어 있습니다. 만약 그 마을에 교회가 있는 경우에는 사제(司祭) 내외와 시포그란트 내외가 함께 상석(上席)에 앉습니다. 그리고 그들 양편으로는 네 명의 젊은이들이 앉고 그 다음에는 나이 많은 네 사람이 앉고 그 다음에는 다시 젊은이 네 명이 앉습니다. 이런 식으로 식당의 좌석을 채웁니다.

다시 말해 그곳의 사람들은 자기와 같은 세대의 사람들과 함께 앉으면서도 옆 테이블에는 다른 세대의 사람들과도 섞여 앉는 것입니다. 그들이 그런 식으로 앉는 것은 식사 중에 젊은이들의 그릇된 언행을 방지하기 위해서라고 합니다. 그렇게 하면 젊은이들의 모든 언행은 바로 옆 자리에 앉은 어른들의 주의를 피할 수 없기 때문이지요.

음식은 상석(上席)에서부터 차례대로 분배되는 것이 아니라 먼저 노인들에게 ― 노인들이 앉는 자리는 눈에 띄기 쉽게 표시가 되어 있습니다. ― 가장 좋은 음식을 드리고 그 나머지 음식들을 남은 사람들에게 똑같이 나누어 줍니다. 그렇지만 맛있는 특식이 부족하여 모든 사람들에게 나누어줄 수 없는 경우에는 노인들이 자신의 몫을 옆 사람들과 나누어 먹습니다. 그리하여 노인들의 특권은 존중되면서 결국 모든 사람들이 음식을 나누어 먹게 되는 것이지요.

점심과 저녁 식사는 윤리에 도움이 되는 문구(文句)의 낭독과 함께 시작됩니다. 그 시간은 짧기 때문에 지루하지는 않습니다. 문구 낭독이 끝나면 노인들은 중요한 문제들에 대해 대화를 나눕니다. 그들의 대화는 무미(無味)하지도 지루하지도 않습니다.

또한 식사 시간이 끝날 때까지 노인들끼리만 대화를 나누지는 않습니다. 오히려 그들은 젊은이들의 의견에 귀를 기울이고 젊은이들로 하여금 이야기를 하게 합니다. 대화를 통해 젊은이들 한 사람 한 사람의 성품과 지성을 파악하기도 합니다. 젊은이들은 긴장이 풀린 자유로운 식사 분위기 속에서 곧잘 자기 자신이 드러나기 때문입니다.

점심 시간은 식사 시간 중에서 가장 짧으며 반대로 저녁 식사 시간은 가장 깁니다. 점심 식사 후에는 정해진 일을 해야 하지만 저녁 식사 후에는 수면과 휴식이 기다리고 있기 때문입니다. 그들은 저녁 식사 시간의 대화가 소화(消化)에 도움이 된다고 말합니다. 저녁 식사를 하면서 그들은 음악을 즐기며 식사 후에는 후식으로 여러 가지 설탕 절임과 과일들을 먹습니다. 또한 그들은 향을 피우고 향수를 뿌려서 식당 안을 향기로 가득 채웁니다. 식사를 하는 동안 그들은 즐거운 시간을 보낼 수 있는 여러 가지 일을 합니다. 유해하지 않은 쾌락을 즐기는 것은 온당한 일이라고 생각하는 것이지요.

이제까지 말씀드린 생활은 도시에 사는 사람들의 생활 모습입니다.

시골에서 사는 사람들은 서로 멀리 떨어져 살기 때문에 각자 자기의 집에서 식사를 합니다. 물론 시골에 사는 사람들도 도시에 사는 사람들이 먹는 음식과 똑같은 음식을 먹으며 식료품이 부족하지는 않습니다. 도시에 사는 사람들이 먹는 식료품들이란 모두 시골에 사는 사람들이 생산한 것들이기 때문입니다.

여행과 교역(호易)에 대하여

이제 그들의 여행 제도에 대해 말씀드리겠습니다. 어떤 사람이 다른 도시에 사는 친구를 방문하고자 하든가 혹은 다른 도시를 가려고 한다면, 그는 특별한 경우 외에는 시포그란트(syphogrant)와 트라니보(tranibor)로부터 허락을 받아 어렵지 않게 갈 수 있습니다. 시장(市長)이 발행한, 돌아와야 할 날짜가 적혀 있는 여행증명서를 받아 다른 여행자들과 함께 출발하게 됩니다.

여행자들에게는 마차와 마부와 말들을 돌보아 줄 노예가 제공됩니다. 하지만 대부분의 사람들은 여자를 동반하지 않는다면 마차 여행을 귀찮게 여깁니다. 여행자들은 짐을 갖고 다닐 필요가 없습니다. 어디를 가나 자기 집처럼 편리하기 때문이죠. 어디서든 이십사 시간 이상 머무를 경우에 그곳에서 자신과 직업이 같은 사람들과 함께 일을 하면서 그곳 사람들로부터 극진한 환대를 받습니다.

만일 여행증명서를 소지하지 않은 사람이 도시 경계 구역을 벗어난 곳에서 발견되면 도망자로 간주되어 치욕적인 대우를 받으며, 자신이 살던 도시로 연행되어 심한 형벌을 받게 됩니다. 그리고 만약 그런 죄를 또 다시 저지르면 노예가 됩니다.

그런데 살고 있는 도시 내에서 왕래를 해야 할 경우에는 그의 아버지가 허락하고 그의 아내가 반대하지 않는 한 언제든지 가능합니다. 다만 오전 작업이나 오후 작업을 하지 않으면 그는 어디에서도 음식을 얻을 수 없습니다. 이러한 조건만 지킨다면 도시 내 어디든지 자유롭게 다닐 수 있습니다. 집에 있을 때와 마찬가지로 사회에 유익한 일을 할 것이니까요. 그러므로 그들은 어디를 가건 항상 일을 하지 않으면 안 되며, 일하지 않는 데 대한 어떤 변명도 있을 수 없습니다.

그곳에는 술집이나 맥주홀도 사창가도 없으며 은밀한 회합 장소도 없어 타락할 기회도 없습니다. 어디서나 사람들이 보고 있기 때문에 각자자기가 맡은 일을 하고 여가(餘暇) 시간을 유익하게 활용하지 않을 수 없습니다. 이러한 제도 하에서는 물자가 풍족하지 않을 수 없으며, 물자가모든 사람들에게 동등하게 분배되므로 가난한 사람이나 거지가 있을 수없습니다.

앞에서 말했듯이 각 도시에서는 매년 세 명의 대표를 선출하여 아마우로툼(Amaurotum)에서 열리는 각 도시 대표자들의 회의에 보냅니다. 그 회의에서 도시의 대표자들은 먼저 어떤 지역에서 어떤 물품이 남아돌아가며 어떤 지역에서 어떤 물품이 부족한가를 파악합니다. 그래서남아도는 물품을 부족한 지역으로 보내도록 결정합니다. 물론 이때의물품은 무상(無償)이며, 물품을 무상으로 공급해 준 지역 역시 다른 지역으로부터 부족한 물품을 무상으로 공급받을 수 있습니다. 나라 전체가마치 하나의 커다란 가정 같은 것이지요.

그들은 먼저 필요한 양의 물품을 비축해 놓은 후 — 이듬해의 흉작에대비하여 2년 동안의 소요량을 비축해 둡니다. — 나머지 물품들을 다른 나라로 수출합니다. 그들은 많은 곡식과 꿀, 양털, 아마(亞麻), 목재, 진홍빛과 자줏빛 옷감, 생가죽, 밀랍, 수지(戰脂), 가죽 제품, 그리고 가축들을 수출합니다. 그들은 이 수출품들의 7분의 1은 가난한 나라 사람들에게 무상(無償)으로 공급하며 나머지 물품들은 적당한 가격을 받고 팝니다.

그들은 수출한 물품 대금으로 자기들에게 부족한 물품과 — 그들에게 부족한 것은 철강(鐵鋼)뿐입니다. — 많은 양의 금(金)과 은(銀)을 가져옵니다. 그들은 오랜 세월 동안 실로 엄청난 금과 은을 축적했습니다. 덕분에 그들은 수출품 대금으로 현금을 받건 약속어음을 받건 그다지 상관하지 않으나 실제 거래는 거의 모두가 약속어음을 받고 행해집니다. 다만 개인의 약속어음은 받지 않고 그 나라의 시(市) 당국이 보증하는 어음만을 받습니다.

물품을 수입한 나라의 시 당국은 물품을 수입한 개개인들로부터 돈을 거두어들여 공공 기금으로 이용하다가 유토피아에서 어음 지불 요청이 오면 그때 어음 대금을 지불합니다. 그런데 실제로 유토피아인들은 지불 요청을 하는 일이 거의 없습니다. 유토피아인들은 물품을 필요로 하여 수입한 사람들로부터 당장 지불 요청을 하는 것은 부당한 일이라고 보기 때문입니다. 하지만 그 어음 대금을 다른 나라에 빌려 줄 필요가 있을 때에는 그 대금을 지불해 줄 것을 요청합니다. 또한 부득이하게 전쟁을 해야 할 경우에도 지불 요청을 합니다.

그들이 그토록 엄청난 금(金)과 은(銀)을 축적해 놓은 이유는 오직 전쟁이나 긴급 사태에 대비하기 위해서이죠. 전쟁이 일어나면 금과 은으로 외국 용병들을 고용하여 전쟁터에 내보낼 수 있으며 그들이 직접 전쟁터에 나가지 않아도 되기 때문입니다. 심지어 적들을 금과 은으로 매수하여 서로 이간시켜 자기들끼리 싸우게 할 수도 있다는 것을 잘 알고 있습니다. 그들이 그토록 엄청난 금과 은을 축적해 놓고 있는 것은 그 것들을 귀중하고 값진 보물로 생각해서가 아니라 바로 그 이유 때문입니다.

금과 은

그들이 금과 은을 어떻게 여기는지에 대해 말씀드리려니 당신들이 나의 말을 믿지 않을지도 모른다는 두려움이 앞섭니다. 실은 나 자신도 그곳에 가서 직접 목격하지 않았더라면 다른 사람이 그렇게 한 말을 믿기 어려웠을 테니까요. 자신의 습관적인 사고(思考)와 동떨어진 이야기는 기이하게 들릴 수도 있기 때문입니다. 그러니 유토피아인들의 관습이 우리와 얼마나 다른가를 염두에 둔다면 그들이 금과 은을 어떻게 사용하는지를 알고 놀라는 것이 오히려 이상한 일일 것입니다.

이미 말한 바와 같이 그들은 금과 은을 화폐 자체로 사용하지 않고 오직 장차 일어날지 모를 전쟁이나 긴급 사태에 대비하기 위해 축적하고 있을 뿐입니다. 그러므로 그러한 사태가 일어나기 전까지는 화폐의 소재(素材)인 금과 은을 그것들이 본래 지니고 있는 가치 이상으로 높이 평가하지 않습니다.

본질적으로 금과 은이 철강보다 훨씬 무가치하다는 것은 분명한 사실입니다. 불이나 물이 없으면 살 수 없듯이 우리는 철강이 없으면 살 수 없습니다. 그에 반해 금과 은의 희소가치(稀少價値)에 대한 관념을 배제한다면 우리는 금과 은이 없어도 살 수 있습니다.

인자하고 너그러운 어머니와 같은 자연은 사려(思慮) 깊게도 자연의 가장 귀중한 선물인 흙, 공기, 물 등을 바로 우리의 코앞에 있게 했으며 우리에게 쓸모없는 것들은 보이지 않게 땅 속에 묻어 놓았습니다.

만일 유토피아에서 이러한 보물들을 견고한 탑에 보관했다면 국민들로부터 통치자들과 의원(議員)들이 어리석은 자신들을 속이고 그 보물들로 이익을 취하려고 한다는 오해를 받았을지도 모릅니다.

또한 만약 전쟁이나 비상 사태가 일어나 금과 은으로 만들어진 모든 식기류와 수공예품들을 모아 녹여서 용병들을 사려고 할 때, 금과 은으로 된 고급 식기류(食器類)나 값비싼 수공예품(手工藝品)을 가진 사람들은 그것들을 보물로 생각하여 아무도 내놓지 않으려 할 것입니다. 이러한 위험들을 막기 위해 우리들의 관습과는 완전히 반대되는 제도를 고안하여 그들의 관습에 맞는 방법을 연구해낸 것입니다.

그들이 금(金)을 보관하는 방법은 우리와 너무도 달라, 어쩌면 당신들 눈으로 직접 보기 전에는 믿을 수 없을지도 모르겠습니다. 그 방법이란 아무리 아름다운 식기(食器)나 고급 식기류라고 할지라도 매우 값싼 유리나 흙으로 만들어 사용하고, 금과 은으로는 가정과 공동 식당의 변기(便器) 등 가장 보잘 것 없는 용기(容器)를 만들어 사용하는 것입니다.

또한 노예들에게 채우는 사슬과 족쇄를 금과 은으로 만들며, 수치스러운 범죄를 저지른 죄인들의 귀와 손가락에는 금으로 만든 귀고리와 금으로 만든 반지를 끼워 주고 목에는 금목걸이를 달아 주며, 머리에는 금으로 만든 관을 씌워 줍니다. 금을 경멸의 대상으로 만들 수 있는 모든 방법을 활용하는 것입니다.

그리하여 가지고 있는 금과 은을 내놓아야 할 때면 목숨을 내놓는 것만큼이나 싫어하는 다른 나라 사람들과는 달리 그 나라 사람들은 동전한 닢 내놓는 것만큼도 아까워하지 않습니다.

보석에 대해서도 마찬가지입니다. 해변에서는 진주들이 발견되며 바위에는 다이아몬드와 루비들이 있지만 사람들은 그것들을 찾아다니지 않습니다. 그렇더라도 우연히 그런 것들을 보게 되면 그것을 주워 반짝 반짝하게 닦아 자녀들에게 장식품으로 선물합니다. 어릴 적에는 그런 장식품들을 매우 신기하게 여기고 좋아합니다. 그렇지만 자녀들이 성장하여 그런 장난감은 어린아이들이나 가지고 노는 것이라는 것을 알게 되면 부모의 명령에 의해서가 아니라 스스로 부끄러움을 느껴 그런 장식품들을 버립니다. 다른 나라의 어린아이들이 성장하게 되면 공기돌이나 방울, 인형 등을 버리듯이 말입니다.

한 민족의 사고방식이나 감정이 습관과 관습에 의해 그토록 크게 달라질 수 있다는 것을 나는 아네몰리아(Anemolia, 그리스어로 '바람의 민족', 즉 허영과 오만에 빠진 사람들)[9]의 외교 사절들에게서만큼 분명하게 본 적이 없습니다. 내가 아마우로툼(Amaurotum)에 머무는 동안 외교 사절들이 중요한 문제를 상의하기 위해 그곳을 방문했습니다. 또한 각 도시로부터 각기 세 명의 대표들이 그들보다 먼저 아마우로툼에 모여 있었습니다.

유토피아를 방문한 적이 있는 이웃 나라의 외교 사절들은 유토피아인들의 사고방식, 즉 유토피아인들은 호화로운 옷을 귀하게 여기지 않고 비단옷을 경멸하며 황금을 치욕의 상징으로 생각한다는 것을 알고 있습니다. 그러므로 유토피아인들의 그러한 사고방식을 아는 사람들은 항상 가능한 한 소박한 옷차림을 하고 유토피아를 방문합니다.

---

9) 〈오만한〉, 즉 〈우쭐대는〉 · 〈허영의〉라는 뜻.

그런데 아네몰리아(Anemolia)인들은 유토피아로부터 너무나 멀리 떨어진 곳에 살고 있었기 때문에 유토피아인들과 접촉한 적이 없었습니다. 유토피아인들은 모두 똑같고 매우 조잡한 옷을 입고 있다는 것만을 소문으로 들어 알고 있을 뿐이었습니다. 그들은 유토피아인들에게 훌륭한 옷이 없기 때문에 조잡한 옷을 입는 것이라고 생각했습니다. 그래서 그들은 신(神)처럼 눈부시게 호화스러운 옷치장을 하고 나타나 가난한 유토피아인들을 어리둥절하게 만들자는 어리석고 오만한 결심을 하게 되었습니다.

마침내 세 명의 외교 사절이 백 명의 수행원을 거느리고 도착했습니다. 그들은 모두 휘황찬란한 비단옷을 입고 있었습니다. 그들은 모두 자기네 나라에서 귀족이었으므로 황금으로 치장된 옷을 입고 있었으며 목에는 커다란 금목걸이를 하고 두 귀에는 금귀고리를 하고 손가락에는 금반지를 끼고 있었습니다. 모자에는 많은 진주와 빛나는 보석들로 장식되어 있었지요. 즉 유토피아에서는 노예들과 범죄자들을 벌주기 위해 사용되거나 혹은 어린아이들을 즐겁게 해 주는 데 사용되는 물건들로 온몸을 뒤집어쓰고 유토피아인들 앞에 나타난 것입니다.

그들이 지나가는 것을 구경하기 위해 거리로 몰려나온 유토피아인들의 옷과 자신들의 휘황찬란한 옷을 비교하면서 우쭐대는 모습이란 볼만한 구경거리였습니다. 그런데 그들이 기대했던 것과는 전혀 다른 결과가 나타났습니다. 외국에 가본 적이 있는 극소수의 유토피아인들을 제외한 대다수의 유토피아인들에게는 그런 화려한 것들은 모두 치욕의 상징으로 보였기 때문입니다.

그래서 유토피아인들은 아네몰리아(Anemolia)의 외교 사절단 중 가장 직위가 낮은 사람에게 최대의 경의를 표했으며 직위가 높은 사람들에 대해서는 전연 경의를 표하지 않았습니다. 직위가 높은 외교 사절들이 황금으로 치장한 것을 보고 유토피아인들은 노예라고 생각했기 때문이지요.

또 진주와 보석들을 가지고 놀 나이가 지난 아이들은 어머니를 쿡쿡 찌르며 속삭이듯 말했을 것입니다.

"어머니, 저 큰 어린아이 좀 보세요! 아직도 어린아이처럼 보석을 달고 다니는 저 사람 말이에요!"

그러면 어머니는 진지한 태도로 이렇게 대답했을 것입니다.

"애야, 조용히 해라. 아마 저 사람은 대사(大使)님께서 데리고 다니시는 광대일 거야."

라고 말입니다. 또 어떤 사람들은 대사가 두르고 있는 황금 사슬을 보고 이렇게 말했을 것입니다.

"도대체 저런 사슬이 무슨 소용이 있담. 저 사슬은 너무 가늘어 노예가 쉽게 끊고 도망칠 수 있을 텐데. 또 저 사슬은 헐거워서 저 노예는 아무 때나 사슬을 벗어 버리고 도망칠 수 있을 거야!"

라고 말입니다.

그러다가 유토피아에서 하루 이틀 지낸 아네몰리아(Anemolia) 외교 사절들은 차츰 상황을 이해하기 시작했습니다. 그들은 유토피아에 엄청나게 많은 황금이 있다는 사실과 자기들이 그토록 찬미하는 황금을 유토피아인들은 정말로 경멸한다는 사실을 알게 되었습니다.

그뿐만 아니라 유토피아의 노예 한 사람이 몸에 감고 다니는 금과 은 — 그곳에서는 노예에게 채우는 족쇄와 사슬이 금과 은으로 만들어져 있습니다. — 이 자기들 세 사람이 두르고 있는 황금을 모두 합한 것보다도 더 많다는 것을 알게 되었습니다. 그러자 그들은 풀이 죽고 부끄러움을 느꼈습니다. 결국은 그토록 자랑으로 여겼던 모든 보석들을 떼어버렸답니다. 특히 유토피아인들과 깊은 대화를 나눈 그들은 비로소 유토피아인들의 관습과 사고방식을 알게 되었습니다.

도덕과 철학

유토피아인들은 보석들과는 비교할 수 없을 정도로 눈부신 별들과 태양을 바라볼 수 있는데도 불구하고 어째서 사람들이 별들과 태양에 비하면 흐릿하기 짝이 없는 작은 보석이나 돌 조각의 빛에 매혹되는지를 기이하게 여기며, 또 좋은 양털로 지은 옷을 입었다고 어떻게 자기 자신을 다른 사람들보다 더 훌륭하다고 내세울 정도로 어리석을 수 있는지 이상하게 생각합니다. 그 옷이 아무리 좋은 양털로 지었다고 해도 그 양털을 입고 있던 것은 양이었으며, 양이 아무리 좋은 양털 옷을 입었다 하더라도 양은 양 이상이 될 수 없기 때문입니다.

또한 세상 사람들은 어째서 전혀 쓸모없는 황금 같은 것들이 황금에 가치를 부여한 인간보다 훨씬 더 귀중한 것으로 생각하는지 유토피아인들의 관념으로는 도저히 이해할 수가 없는 것입니다. 따라서 유토피아인들은 납덩어리나 나무토막과 다름없는 멍청하고 어리석고 부도덕한 사람이 단지 많은 황금을 소유하고 있다는 이유만으로 선량하고 현명한 사람들을 마음대로 부릴 수 있다는 것을 이해하지 못합니다.

만약 어떤 불운이나 법률상의 계략 — 이 두 가지는 사태를 완전히 뒤바뀌게 합니다. — 으로 소유했던 황금을 불량한 하인에게 빼앗기기라도 하게 되면, 그는 곧 자기가 거느리던 하인의 하인이 되고 맙니다. 마치 황금의 부속물에 지나지 않듯이 말입니다!

무엇보다도 유토피아인들이 기이하게 여기고 혐오하는 것은 그에게 신세를 지거나 혹은 그에게 존경할 만한 점이 있기 때문이 아니라 오직 부자라는 이유로 거의 신(神)처럼 숭배하는 사람들의 어리석은 태도입니다. 부유한 자들은 인색하고 욕심이 많아 그들이 살아있는 한 단 한 푼도 허투루 유출되지 않게 한다는 것을 잘 알면서도 말입니다.

유토피아인들이 이러한 사고방식을 갖게 된 것은 위에서 말한 바와 같은 어처구니없는 사회 제도와는 정반대되는 사회에서 성장했기 때문이며 또 독서와 교육의 덕택이기도 합니다. 비록 비범한 재능과 뛰어난 지능, 그리고 학문 연구에 대한 특별한 열성을 가진 극소수의 사람들을 제외하고는 어느 누구도 학문에만 몰두할 수 있도록 직업에 따른 일들이 면제되지는 않지만, 모든 어린아이들은 기본 소양 교육을 받으며 대부분의 어른들은 남녀를 막론하고 앞에서 말한 바 있는 자유 시간에 평생토록 공부를 계속합니다.

그들은 여러 가지 지식을 그들의 언어로 배웁니다. 그들의 언어는 어휘가 풍부하고 듣기에도 명쾌하며 마음을 매우 정확하게 표현할 수 있습니다. 그들의 언어는 이 세계의 다른 편에 있는 많은 나라들에서 사용되는 것과 거의 같습니다. 그런데 지역에 따라 정도의 차이는 있지만 다른 나라들의 언어는 상당히 타락해 있습니다.

우리가 그곳에 도착했을 때만 해도 그들은 유럽의 유명한 철학자들의 이름조차 알지 못했습니다. 하지만 그들은 이미 음악, 논리학, 수학, 기하학 등의 분야에서 고대 우리의 선현(先賢)들이 발견해낸 것과 거의 똑같은 법칙들을 발견해냈습니다. 때문에 대부분의 분야에서 고대인들과 동등했지만 논리학에 있어서는 우리들에게 뒤떨어져 있었습니다.

예컨대 우리의 학생들이 소논리학(小論理學, 논리학 교과서)[10]에서 배우는 한정(限定), 확충(擴充), 가설(假說)에 대한 매우 현명한 법칙들 중 그들은 어느 것 하나 발견해내지 못했습니다. 그뿐만 아니라 그들은 '2차적 개념'[11]에 대해 사색할 능력이 없으므로 '보편적 인간'에 대해서도 전혀 알지 못합니다. 아시다시피 '보편적 인간'이란 어떤 거인보다도 큰 거인이 아닙니까? 그런데 우리가 그들에게 '보편적 인간'을 자세하게 설명해 주었는데도 '보편적 인간'을 이해하는 사람은 아무도 없었습니다.

하지만 그들은 별들의 운행과 천체(天體)의 움직임에 대해서는 매우 정통해 있었습니다. 그뿐만 아니라 태양과 달, 그리고 그들 나라에서 볼 수 있는 별들의 정확한 위치와 별의 운행을 파악할 수 있는 훌륭한 기구들을 발명했습니다. 하지만 점성술, 즉 별들 사이의 화목이나 불화, 별들의 예언 등과 같은 허튼 짓에 대해서는 꿈조차 꾸지 않습니다.

그들은 오랜 경험으로 비, 바람 등의 일기 변화의 징후에 대해 잘 알고 있었습니다. 하지만 만약 그들에게 그러한 현상의 이론을 설명해 달라거나, 혹은 바닷물이 짠 이유는 무엇이며 바닷물에 밀물 썰물이 생기는 이유는 무엇인지 설명해 달라거나, 우주는 어떻게 해서 생겨났으며 그 본질은 무엇인가 하는 등의 질문을 한다면 당신은 여러 가지 다양한

---

10) 1276년~1277년의 교황(요하네스 21세)이었던 스페인의 Petrus Juliani 혹은 Hispanus 의 저작. 그는 중세(中世) 논리학의 대표자였다.
11) 중세 논리학에 있어서 대상(對象)의 직접적인 인식에 의해서가 아니라 대상의 보편성에 기초를 둔 인식에 의해 얻어진 개념을 말한다.

대답을 듣게 될지도 모릅니다.

그들의 견해 중 일부는 우리의 고대 철학자들의 견해와 일치합니다. 그렇지만 그들의 견해가 항상 일치하지는 않았듯이 유토피아인들도 서로 일치하지 않은 그들만의 완전히 새로운 이론들을 주장하기도 합니다.

윤리학 분야에 있어서 우리가 논의하는 문제들과 똑같은 문제들을 그들도 논의합니다. 그들은 선(善)을 세 가지 형태, 즉 영적인 선, 육체적인 선, 표면적인 선으로 구분하고 엄밀한 의미에서 선(善)이라는 명칭이 위의 세 가지 형태에 모두 적용될 수 있는가 아니면 영적인 경우에만 적용될 수 있는가 하는 문제를 논의합니다.

또한 미덕과 쾌락에 대해 말하기도 합니다. 논쟁의 가장 근본적인 주제는 인간 행복의 본질은 무엇인가, 인간의 행복을 이루는 요소는 무엇인가 하는 문제입니다. 이 문제에 대해서 그들은 쾌락주의적 견해 쪽으로 기울어지는 듯합니다. 인간의 행복은 대부분 혹은 전적으로 쾌락에 있다는 견해를 갖고 있기 때문입니다.

더욱더 놀라운 것은 이러한 쾌락주의를 그들의 종교, 즉 진지하고 엄격하고 철저한 그들의 종교를 통해 고수하고 있다는 사실입니다. 그들은 행복에 대해 논의할 때 철학적 합리주의에 반드시 종교적 원칙들을 결부시킵니다. 이성은 불완전하고 불충분하므로 종교적 원칙 없이 참된 행복은 찾을 수 없다고 생각합니다.

그들의 종교적 원칙의 예를 들면, '첫째, 영혼은 영원불멸하며 인간은 행복해지기 위해 선에 의해 창조되었다. 둘째, 인간은 현세(現世)에서의 덕과 선행(善行) 혹은 죄악에 따라 저 세상에서 상(賞)을 받거나 벌을 받게 된다.' 라는 것입니다. 이러한 원칙들이 종교적인 것이며 유토피아인들은 그러한 원칙들을 믿고 인정함에 있어 이성적 근거를 갖고 있습니다.

그 이유로는 만일 인간이 그러한 종교적 원칙들을 믿고 인정하지 않는다면 올바른 방법으로 쾌락을 추구해야 할지 아니면 그릇된 방법으로 쾌락을 추구해야 할지도 모를 정도로 어리석게 되어, 오직 쾌락만을 추구하게 되고 작은 쾌락 때문에 보다 큰 쾌락이 방해받지 않도록 애쓸 것이며 쾌락의 대가로 고통을 야기하는 쾌락은 피하려 할 것이라는 것을 그들은 알기 때문입니다.

즉 그들은 힘들고도 고통스러운 미덕을 추구하면서 인생의 즐거움을 부정하고 아무런 유익함도 기대할 수 없는 고통을 겪는 것은 바보짓이라고 생각합니다. 불행한 현재의 삶을 죽은 후에 보상받지 못한다면 현세(現世)의 고통으로부터 아무런 유익함도 기대할 수 없기 때문입니다.

유토피아인들은 모든 쾌락에 행복이 있다고 생각하지 않으며 오직 선하고 훌륭한 쾌락에만 행복이 있다고 여깁니다. 또한 모든 미덕 속에 행복이 있다고 생각하지 않고 우리의 본성이 미덕 그 자체에 의해 저절로 이끌리는 '최고의 선(善)' 만이 행복에 기여한다고 말합니다. 유토피아인들은 '미덕' 을 '본성에 따르는 삶' 이라고 규정합니다. 신(神)이 그 목적을 위해 인간을 만드셨다고 보기 때문입니다.

어떤 것을 좋아하고 싫어함에 있어 이성의 지시에 따르는 사람은 본성에 따르는 것이라고 그들은 말합니다. 이성은 또한 우리 인간에게 첫째, 우리를 창조하시고 우리에게 행복해질 수 있는 능력을 주신 전지전능한 신(神)을 사랑하고 존경할 것을 가르치며 둘째, 가능한 한 안락하고 유쾌하게 살아갈 것과 다른 사람들 역시 안락하고 유쾌하게 살아갈 수 있도록 도와줄 것을 가르친다고 말합니다.

아무리 미덕을 엄격하게 따르고 쾌락을 증오하는 금욕주의자라 할지라도 쾌락에 대한 자신의 증오와 일치하지 않는 경향이 있습니다. 그런 금욕주의자는 인생은 고통이며 터무니없는 꿈이며 안락하지 않는 것이라고 설교할 것입니다. 그러면서도 그는 우리에게 최선을 다해 다른 사람들의 궁핍과 불행을 제거해 주라고 말할 것입니다.

그는 인간의 상태를 향상시키는 그러한 노력을 인간애(人間愛)라는 훌륭한 행위라고 생각할 것입니다. 다른 사람들의 고통과 불행을 제거함으로써 그들로 하여금 즐거움을 누릴 수 있게 하는 것보다 더 인간적이고도 본성적인 것은 없습니다. 인간애(人間愛)는 인간에게만 있는 가장 독특한 미덕이기 때문입니다. 그런데 자기 자신의 고통과 불행을 제거하여 즐거움을 누리는 것이 어찌 본성적인 일이 아니겠습니까?

만일 삶을 즐기는 것, 즉 즐거움을 누리는 것이 그릇된 일이라면 당신은 다른 사람들이 즐거움을 누릴 수 있도록 도와주어서는 안 되며, 오히려 다른 사람들로부터 그 유해한 쾌락을 없애도록 노력해야 할 것입니다. 그렇지만 즐거움을 누리는 것이 올바른 일이고 따라서 다른 사람으로 하여금 즐거움을 누릴 수 있는 것이 허락되어 있을 뿐만 아니라 마땅히 해야 할 일이라면, 그는 가장 큰 호의를 베풀어야 할 자신에게 먼저 그렇게 해야 할 것입니다.

그의 본성이 다른 사람들에게 친절하기를 명한다면 본성은 자신에 대해서도 또한 친절해지기를 요구하는 것입니다. 그러므로 유토피아인들은 삶의 즐거움, 곧 쾌락을 모든 인간의 당연한 목적으로 생각하며 본성에 따라 살아가는 것을 미덕으로 규정하고 있습니다.

본성은 또한 우리가 서로 도와 보다 즐거운 삶을 영위하기를 원합니다. — 그것은 자연으로부터 특별한 총애를 받는 인간은 없으며 자연은 사람들에게 똑같은 혜택을 베풀고 모든 사람들이 함께 행복을 누리기를 원하기 때문입니다. — 따라서 본성은 다른 사람의 이익을 희생시켜 자신의 이익을 추구하는 것을 원치 않습니다.

그러므로 유토피아인들은 개인들 사이의 약속은 반드시 지켜야 하며, 즐거움의 요소인 생활필수품의 분배를 위한 법률 — 현명한 통치자에 의해 적절하게 제정된 법률 — 혹은 독재의 압력이나 부정한 수단이 개입되지 않는 상태에서 온 국민의 찬성으로 제정된 법률들을 준수해야 한다고 생각합니다.

이러한 법률들을 위반하지 않는 한도 내에서 자신의 이익을 추구하는 것은 현명한 일이며 또한 공공의 이익을 추구하는 것은 의무이지만, 자신의 즐거움을 얻기 위해 다른 사람으로부터 즐거움을 빼앗는 것은 옳지 못한 일이라고 생각합니다.

다른 사람의 즐거움을 위해 자신의 즐거움을 버리는 것은 인간애(人間愛)에서 비롯된 행위이며 그렇게 함으로써 우리는 얻는 즐거움이 더 많습니다. 왜냐하면 첫째, 그렇게 함으로써 우리는 선행(善行)에 대한 보답을 돌려받게 되며 둘째, 선행(善行)을 했다는 기쁨과 그의 호의(好意)를 받은 사람으로부터 받는 애정과 선의(善意)로 인해 그가 포기했던 육체적 쾌락보다 훨씬 더 큰 정신적 만족을 얻게 되며 셋째, ─ 이것은 종교적인 영혼을 소유하는 사람들은 쉽게 이해하는 것입니다만 ─ 신(神)은 일시적인 작은 즐거움을 희생시킨 데 대한 보답으로 우리에게 영원하고 완전한 기쁨을 주시기 때문입니다.

유토피아인들은 이와 같이 심사숙고한 후 우리의 모든 행위, 심지어 우리의 덕행(德行)조차도 결국은 모든 인간이 원하는 궁극적인 행복인 쾌락을 목표로 하는 것이라고 주장합니다.

그들은 '쾌락' 을 '본성에 따라 즐겁게 살아가는 인간의 육체와 영혼의 모든 활동과 상태' 라고 규정합니다. 거기에 인간의 천성적인 욕망도 포함시키는데 그것은 당연한 일입니다. 인간의 본성뿐만 아니라 이성(理性)도 다른 사람을 해치거나 보다 큰 쾌락을 저해하거나 고통을 야기하는 등 본성에 어긋나지 않는 방법으로써 자신의 쾌락을 누리기를 요구하기 때문입니다.

그런데 세상 사람들은 망상(妄想)에 사로잡혀 위의 방법과는 전혀 다르게 본성에 어긋나는 방법으로 쾌락을 추구합니다. 마치 사물의 명칭을 바꿈으로써 쉽사리 사물의 본질을 바꿀 수 있기라도 하듯이 말입니다. 하지만 유토피아인들은 그러한 것은 인간을 행복하게 해 주기는커녕 오히려 행복을 불가능하게 한다고 말합니다. 일단 그것들이 인간의 마음속을 차지하게 되면 마음은 쾌락에 대한 그릇된 사고(思考)로 가득차 참된 쾌락이 들어갈 여지가 없기 때문입니다.

따라서 쾌락에 대한 그릇된 사고의 습성에 젖어 있는 사람은 참된 행복을 찾을 수 있는 능력을 잃고 환상에 사로잡혀 있는 것입니다. 세상에는 '즐거움'이라는 것을 전혀 내포하지 않은 것이 참으로 많으며 그것들 중 대부분은 고통과 불쾌감만을 줄 뿐입니다. 그럼에도 불구하고 그릇된 욕망에 사로잡혀 있는 사람들은 그런 것들을 인생의 최고의 즐거움으로 생각할 뿐만 아니라 심지어 그런 것들이야말로 세상을 살아가는 중요한 이유라고 말하기까지 합니다.

앞에서.말한 바 있듯이 자기가 다른 사람들보다 좋은 옷을 입고 있다고 해서 자기 자신을 훌륭한 사람이라고 생각하는 부류의 사람들을 유토피아인들은 쾌락에 대한 그릇된 환상에 빠져 있는 사람이라고 말합니다. 그런 사람들은 옷에 대해, 그리고 자기 자신에 대해 이중(二重)의 오류를 범하고 있는 것입니다.

실제로 가느다란 털실로 짠 옷이 굵은 털실로 짠 옷보다 더 좋을 이유가 어디 있습니까? 그런데도 그들은 가느다란 털실은 굵은 털실보다 당연히 고급스럽다는 생각을 갖고 있으며 그와 함께 가느다란 털실로 짠 옷은 자신의 가치를 높여준다고 생각합니다.

그의 그릇된 생각으로 우쭐대면서 마치 자기는 처음부터 다른 사람들보다 훌륭한 신분으로 태어났다는 듯이 뽐냅니다. 그리하여 만약 나쁜 옷을 입고 있었다면 감히 엄두조차 못 낼 존경심을 당연한 권리인 양 기대합니다. 게다가 사람들로부터 그러한 존경을 받지 못하게 되면 몹시 화를 냅니다.

그런 무익하고 헛된 표면적인 존경에 집착하는 것 또한 어리석은 짓이 아닐까요? 다른 사람이 모자를 벗고 무릎을 꿇는 것을 보고 무슨 참된 즐거움을 얻을 수 있습니까? 다른 사람들이 무릎을 꿇는 모습을 보면 자기 무릎의 류머티스가 고쳐집니까? 다른 사람들이 모자를 벗는 모습을 보면 자기 머리의 광증(狂症)이 치료됩니까?

이런 그릇된 쾌락을 신봉하는 자들은 물론 자기의 '고귀함'을 뽐내는 자들이지요. 오늘날 '고귀한 자들'이란 몇 대(代)에 걸쳐 상당한 토지를 소유하고 있는 부유한 집안에 속해 있는 자들을 의미합니다. 그런 자들은 설사 보잘 것 없는 재산을 물려받았을 경우나 혹은 많은 재산을 물려받은 후 그 재산을 탕진해 버렸을 경우에도 마찬가지로 자신을 '고귀한 사람'이라고 생각합니다.

유토피아인들은 이런 사람들 이외에도 전에 내가 말한 바 있는 보석을 열정적으로 좋아하는 사람들도 그러한 부류의 인간으로 간주합니다. 그런 자들은 희귀한 보석을 힘들게 손에 넣게 되면 마치 자기가 신(神)이라도 된 것처럼 행복해 합니다. 특별히 값진 것으로 알려진 희귀한 보석을 손에 넣었을 경우에는 더욱 그러합니다. 보석의 가치는 그가 살고 있는 장소와 시대에 따라 다르기 때문이지요.

그들은 보석을 자세히 살펴본 후에야 비로소 그것을 구입합니다. 샅샅이 살펴본 후에도 그 보석을 파는 사람으로부터 그것이 진짜라는 보증서를 받지 않으면 구입하지 않습니다. 그들은 가짜에 속지나 않을까 그토록 걱정합니다. 그런데 자신의 눈으로 진짜와 가짜를 구별하지 못한다면 설사 그것이 가짜라 할지라도 그가 그 보석을 바라보는 데서 얻는 즐거움은 감소되지 않을 것입니다. 즉 그것이 진짜이건 가짜이건 그에게는 아무런 차이도 없는 것입니다. 그것은 그 보석이 장님에게는 아무런 차이도 없는 것과 마찬가지입니다!

아무런 목적도 없이 단지 바라봄으로써 즐거움을 얻기 위해 지나치게 많은 재산을 축적하는 사람들을 살펴보십시오. 그들은 참된 쾌락을 맛보고 있는 것일까요? 아니면 거짓 쾌락에 기만당하고 있는 것일까요?

또 이러한 자들과 반대로 정신 나간 사람들도 있습니다. 그들은 황금을 땅 속에 숨겨 두고 절대로 사용하지 않으며 심지어 두 번 다시 꺼내 보지도 않습니다. 그런 자들은 황금을 잃으면 어쩌나 걱정만 하다가 실제로 잃어버리고 마는 것입니다. 땅 속에 있던 황금이 다시 땅 속에 묻혀 그 사람뿐만 아니라 다른 사람들에게도 유용하지 않게 되었다면 잃어버린 것과 다름이 아니고 무엇이겠습니까?

그럼에도 불구하고 그들은 보물을 땅 속에 파묻어 두고는 이제는 아무런 걱정도 없다는 듯이 매우 행복해 합니다. 그런데 누군가가 그 보물을 훔쳐 갔으며 그는 그 보물이 도난당했다는 사실을 모른 채 십 년 후에 죽었다고 가정해 보십시오. 그 보물이 도난당한 후 십 년 동안 그 보물이 도난당했든 도난당하지 않았든 그에게 무슨 차이가 있었겠습니까? 그 보물은 그동안 그에게 아무런 소용도 없었을 테니까요.

또한 유토피아인들은 주사위 도박(賭博) — 그들은 도박을 해 본 적이 없지만 도박에 관한 이야기를 전해 들어 도박자들의 광증(狂症)을 알고 있습니다. — 과 토끼 사냥, 그리고 매(鷹) 사냥도 어리석은 쾌락에 포함시킵니다.

유토피아인들은, '테이블 위에 주사위를 던지는 것에 도대체 무슨 쾌락이 있단 말입니까? 설사 거기에 어떤 쾌락이 있다 하더라도 그토록 수없이 반복하여 주사위를 던지면 곧 싫증이 날 것입니다.

또 사냥개가 시끄럽게 짖어대는 소리를 듣는 것이 도대체 뭐가 즐겁단 말입니까? 그것은 오히려 불쾌한 일이 아닙니까? 사냥개가 토끼를 뒤쫓는 것을 바라보는 것이 개가 개를 뒤쫓는 것을 보는 것보다 더 즐겁단 말입니까? 그들에게 즐거움을 주는 것이 빨리 달리는 것이라면 개가 토끼를 뒤쫓는 경우뿐만 아니라 개가 개를 뒤쫓는 경우도 빨리 달리고 있습니다.

그런데 만일 그들을 매혹하는 것이 살육(殺戮)에 대한 기대, 그리고 생명체가 그들의 눈앞에서 갈가리 찢기는 것을 보는 것이라면, 토끼 같은 연약하고 겁 많고 죄없는 작은 동물이 그토록 사납고 잔인한 사냥개에게 갈가리 찢겨 죽는 것을 보는 것은 즐거운 감정보다는 오히려 동정심을 불러일으키는 일이 아닙니까?' 라고 말합니다.

그러므로 유토피아인들은 사냥을 자유인(自由人)에게는 어울리지 않는 비천한 일로 취급하여 일체의 사냥 행위는 백정들에게 시킵니다. 이미 말씀드린 바와 같이 백정들은 노예입니다. 유토피아인들은 사냥을 모든 도살(屠殺) 행위 중에서도 가장 천한 일로 여기며, 사냥에 비하면 다른 도살 행위는 비교적 유익하고 바람직한 일이라고 생각합니다. 일반적인 백정들은 공공의 이익을 위해 필요할 때에만 가축을 죽이지만 사냥꾼들은 오직 자기 자신의 즐거움을 위해 작고 불쌍한 동물들을 죽이고 갈가리 찢기 때문입니다.

유토피아인들은 '동물들조차도 천성적으로 야수적이거나 아니면 끊임없이 그러한 잔인한 쾌락을 즐김으로써 야수처럼 되었거나 하는 경우가 아니고는 피 흘리는 것을 좋아하지 않는다.' 고 말합니다.

보통 사람들은 즐거움으로 간주하나 유토피아인들은 참된 즐거움으로 간주하지 않는 것들은 그 밖에도 수없이 많이 있습니다. 본질적으로 참된 즐거움이 없으면 유토피아인들은 그것들을 결코 즐거움으로 생각하지 않습니다. 대부분의 사람들이 실제로 그런 것들에서 쾌감을 느낀다 하더라도 유토피아인들의 확신은 조금도 흔들리지 않습니다.

그러한 쾌감은 사물 그 자체의 본질로부터 생겨나는 것이 아니라 그들의 나쁜 습관으로부터 생겨나는 것이며, 나쁜 습관 때문에 즐거운 것보다 불쾌한 것을 좋아하는 것이라고 말합니다. 마치 임신한 부인들이 맛에 대한 감각을 잃고 쇠기름이나 테레빈유(油)를 꿀보다 더 달다고 생각하듯이 말입니다. 그렇지만 어떤 사람의 판단력이 습관이나 질병에 의해 손상되었다 하더라도 그의 그릇된 판단이 쾌락의 본질과 그 밖의 다른 것들의 본질을 변화시킬 수는 없는 것입니다.

유토피아인들은 참된 쾌락을 정신적인 쾌락과 육체적인 쾌락 두 가지로 분류합니다. 정신적인 쾌락에는 지성으로부터 얻는 만족감과 진리에 대한 사색으로부터 얻는 감미로움도 포함되며 만족스러운 과거의 삶에 대한 추억과 앞으로 다가올 행복에 대한 확신에 찬 기대도 포함됩니다.

육체적인 쾌락은 두 가지로 분류합니다. 하나는 감각 기관을 통해 분명하게 느낄 수 있는 쾌감으로서, 때로 이것은 우리의 육체가 갖고 있는 열(熱)로 인해 육체의 기관들이 약화되었다가 음식물을 섭취함으로써 활력을 주는 경우이지요. 때로는 육체 내에 쌓인 것들, 즉 대소변과 정액(精液) 등을 배출하는 데서 느껴지며, 비비거나 긁음으로써 가려움을 제거하는 데서 느끼기도 합니다.

그런데 가끔은 악화된 육체의 기관들에게 활력을 주는 것도 아니고 육체 내의 지나치게 쌓인 배설물을 배출하는 것도 아니면서 우리에게 즐거움을 주는 것이 있습니다. 그것은 신비한 힘으로 감각 기관을 자극하여 우리를 감동케 하는 것으로서 음악을 들을 때 느끼는 즐거움 따위가 그것입니다.

유토피아인들이 말하는 육체적 쾌락의 두 번째 형태는 편안하고 정상적인 기능을 발휘하는 상태, 곧 아무런 질병도 없는 건강한 상태로부터 오는 즐거움입니다. 아무런 고통도 없는 건강 상태는 외적인 즐거움이 없는 경우에도 상쾌한 기분을 갖게 합니다. 물론 육체의 건강함으로부터 오는 상쾌함은 먹고 마시는 즐거움 같은 감각 기관을 통해 느끼는 쾌감만큼 강하고 뚜렷하지는 않습니다. 그러나 건강한 육체의 상쾌함은 대부분의 사람들에 의해 인생 최대의 즐거움으로 간주되고 있습니다.

실제로 유토피아인들은 육체의 건강함을 모든 즐거움의 기초로 매우 중요하게 생각합니다. 건강은 그 자체만으로도 인생을 즐겁고 바람직한 것으로 만들어 줍니다. 건강을 잃으면 인생의 아무런 즐거움도 느낄 수 없지요. 그들은 고통은 없으나 건강하지 못한 상태를 무감각(無感覺)으로 간주합니다.

일찍이 어떤 사상가들은, '건강함은 오직 건강하지 못함과의 대비에 의해서만 느낄 수 있으므로 한결같이 건강한 상태는 즐거움으로 간주될 수 없다.' 라고 주장했습니다. 그러나 유토피아인들은 오래 전부터 그러한 견해에 반대해 왔으며, 오늘날에는 거의 모든 사람들이 건강을 모든 즐거움 중에서 가장 큰 즐거움이라고 생각하고 있습니다. 질병에는 필연적으로 고통이 따르므로 질병이 즐거움의 적이듯이 고통은 즐거움의 적이기 때문입니다. 역(逆)으로 한결같은 건강이야말로 쾌락이 있다는 것이지요.

그들은 질병이 고통이냐 아니면 고통을 수반할 뿐이냐 하는 것은 문제로 삼지 않습니다. 그 결과는 마찬가지이니까요. 또한 건강이 곧 즐거움이냐 아니면 불(火)이 열(熱)을 만들어 내듯이 건강은 즐거움을 만들어 낼 뿐이냐 하는 문제에 있어서도 그 결과는 결국 마찬가지이며, 질병을 모르는 건강한 사람은 즐겁지 않을 수 없는 것입니다.

또한 유토피아인들은 '굶주림으로 쇠약해진 건강은 우리가 먹은 음식이라는 지원군에 의해 활력을 얻어 굶주림에 대항하여 싸우는 것입니다. 그리하여 우리의 건강이 차츰 굶주림을 물리치기 시작하여 정상적인 건강을 되찾을 때, 건강을 되찾는 바로 그 전진이야말로 우리에게는 즐거움을 주는 것입니다.' 라고 말합니다.

굶주림과의 싸움 끝에 건강이 승리를 거두었을 때 어찌 기뻐하지 않겠습니까? 마침내 싸움의 유일한 목표였던 건강이 정상적인 활력을 되찾자마자 갑자기 무감각해져 행복과 기쁨을 느끼지 못하는 일이 있겠습니까? 건강은 오직 건강하지 못함과의 대비에 의해서만 느낄 수 있다는 주장에 대해 '그것은 사실이 아니다.' 라고 주장합니다.

그들은 이렇게 말합니다. '잠들었거나 혹은 실제로 건강이 나쁜 사람을 제외한 모든 인간은 자기가 건강하다는 것을 느낍니다. 아무리 무감각하고 둔감한 사람이라 할지라도 건강이 기쁜 일이라는 것을 인정하지 않는 사람은 없을 것입니다. 여기서의 기쁨이란 즐거움의 다른 이름이 아니고 무엇이겠습니까? 라고.

유토피아인은 무엇보다도 정신적 쾌락을 중요시합니다. 그들은 정신적 쾌락을 모든 쾌락 중에 최고의 쾌락으로서 존중하며 그중에서도 덕행(德行)과 선한 생활에 대한 인식으로부터 오는 정신적 쾌락을 가장 중요하게 생각합니다.

육체적 쾌락 중에서 가장 중요시하는 것은 건강입니다. 물론 그들은 먹고 마시는 즐거움을 바람직한 것으로 생각합니다. 그렇지만 그 행위를 바람직한 것으로 보는 것은 건강을 위할 경우에 한정됩니다. 먹고 마시는 일 자체를 즐거움으로 생각하지 않고 질병의 침입을 막아내는 수단으로 생각하기 때문입니다.

현명한 사람은 약을 원하기보다는 질병에 걸리지 않기를 원하며 고통으로부터 구제되기를 원하기보다는 고통 그 자체가 사라지기를 원합니다. 이와 마찬가지로 먹고 마시는 데서 위안을 얻는 것보다는 먹고 마시는 쾌락을 필요로 하지 않는 편이 나을 것입니다. 만일 어떤 사람이 자신의 행복은 먹고 마시고 가려운 곳을 비비고 긁는 쾌락 속에 있다고 한다면 그는 굶주림과 목마름과 가려움과 먹고 마시고 비비고 긁는 삶의 연속이야말로 최대의 행복이라는 것을 인정해야 할 것이기 때문입니다.

그러나 그러한 삶은 불쾌할 뿐만 아니라 비참하기 짝이 없는 삶이라는 것은 모든 사람이 알고 있는 사실입니다. 이런 쾌락들은 모든 쾌락 중에서 가장 저열한 쾌락입니다. 그러한 쾌락들은 반드시 반대되는 고통과 결부되어 있습니다. 예컨대 먹는 쾌락은 반드시 배고픔의 고통과 연결되어 있으며 그 경우 먹는 쾌락과 배고픔의 고통은 동등한 비율로 결부되어 있는 것이 아닙니다. 배고픔의 고통은 먹는 쾌락보다 먼저 시작되어 먹는 쾌락이 끝날 때까지 계속되므로 먹는 쾌락보다 강력하고 오랫동안 지속되기 때문입니다.

그러므로 유토피아인들은 그런 류(類)의 쾌락이 필요한 경우 이외에는 그런 쾌락을 그다지 높이 평가하지 않습니다. 그렇지만 그러한 쾌락을 완전히 무시하지 않을 뿐만 아니라 오히려 자연의 어머니인 애정 — 자연의 자식인 인간이 때때로 구하지 않으면 안 되는 것에 커다란 쾌감을 부여해 준 저 자연의 애정 — 에 대해 감사하고 있습니다. 만일 배고픔이나 목마름과 같이 수시로 닥쳐오는 일상적인 고통이 흔치 않은 질병처럼 쓰디쓴 약에 의해서만 치유된다면 우리의 삶은 얼마나 비참하겠습니까!

유토피아인들은 아름다움, 강함, 민첩함과 같은 자연의 특별한 선물들을 소중히 여깁니다. 또한 그들은 인간에게만 주어진 보는 즐거움, 듣는 즐거움, 향기를 맡는 즐거움에 열중합니다. 세상의 아름다움을 찬미하고, 향기 — 음식의 냄새를 제외한 — 를 즐기고, 협화음(協和音)과 불협화음(不協和音)을 구별할 수 있는 것은 오직 인간뿐이기 때문입니다. 그들은 눈, 코, 귀를 통한 이러한 즐거움이 인생에 향기를 더해 준다고 말합니다. 하지만 어떠한 경우에도 작은 즐거움으로 인해 큰 즐거움이 방해받아서는 안 되고 또 그 즐거움이 고통의 원인이 되어서는 안 된다는 것을 원칙으로 삼고 있으며, 그릇된 쾌락 뒤에는 반드시 고통이 따른다고 생각합니다.

공공의 이익이나 신(神)으로부터 보다 큰 즐거움을 얻기 위해서가 아니면 자신의 아름다움을 경멸한다든가 체력을 손상시킨다든가 민첩함을 둔화시킨다든가 단식(斷食)으로 육체를 망치거나 건강을 해치는 일이 없으며, 그 이외의 자연적인 즐거움도 거부하지 않습니다. 왜냐하면 아무에게도 이익을 주지 못하는 헛된 명성이나 혹은 결코 일어나지 않을 재앙에 대비하여 자신을 단련하기 위하여 스스로에게 고통을 주는 것은 어리석은 짓이라고 생각하기 때문입니다. 그러한 행위는 자신을 파멸시키는 행위로 여기며 자연에 대한 배은망덕(背恩忘德)한 태도로 간주합니다. 마치 자연에게 빚을 지지 않기 위해 자연의 호의를 거부하듯이 말입니다.

이상 말씀드린 것이 덕(德)과 쾌락에 대한 유토피아인들의 견해입니다. 그들은 하늘에서 내려 준 신앙이 인간에게 보다 신성한 영감을 주지 않는 한 인간의 이성은 그보다 더 훌륭한 견해를 생각해낼 수 없을 것이라고 믿고 있습니다. 그러나 우리에게는 그들의 신념이 옳은가 그른가에 대해 논의할 시간이 없으며 또 그것은 불필요한 일입니다. 우리의 목적은 유토피아인들의 생활 방식을 밝히는 것일 뿐, 그들을 옹호하는 것이 아니기 때문입니다.

그렇지만 이에 대해 나는 확신하는 것이 한 가지 있습니다. 그것은 이 세상에 유토피아보다 더 행복한 사회는 없으며 유토피아인들보다 더 훌륭한 민족은 없다는 것입니다. 그들은 민첩하고 활동적이며 활기에 넘쳐 있으며 겉으로 보기보다는 힘이 셉니다. 그렇다고 해서 그들의 신체가 작다는 것은 아닙니다만.

토지는 그다지 비옥한 편이 아니며 기후 또한 썩 좋은 편도 아닙니다.

하지만 적절한 식사를 취함으로써 나쁜 기후로부터 자신을 보호하며, 부지런히 경작하여 토지를 비옥하게 만들고 있습니다. 그 결과 오늘날 그들은 세계에서 가장 많은 곡식과 가축을 생산하며 세계에서 가장 활력적이며 장수하는 민족일 뿐만 아니라 질병에 걸리는 비율도 매우 낮습니다.

　유토피아를 방문하는 사람은 훌륭하게 관리된 농경법을 발견하게 되고 원래 불모였던 땅이 그들의 기술과 근면에 의해 비옥하게 되었다는 것을 알게 될 것이며, 또한 유토피아인들이 삼림 지대(森林地帶)의 나무들을 다른 곳으로 옮겨 심는 광경을 목격하게 될 것입니다. 그것은 더 많은 곡식을 생산하기 위해서가 아니라 삼림 지대 자체를 바다나 강 혹은 도시 가까운 곳으로 옮겨 목재를 보다 쉽게 운반할 수 있게 하기 위해서이지요. 육로(陸路)로 먼 곳까지 곡식을 운반하는 편이 목재를 운반하는 것보다 힘이 덜 들기 때문입니다.

학문의 즐거움

　유토피아인들은 매우 친절하고 총명하며 훌륭한 유머 감각이 있습니다. 그들도 휴식을 좋아하지만 필요한 경우에는 고된 육체적 노동을 끈기 있게 해냅니다. 그런데 오랜 시간의 고된 육체적 노동을 썩 좋아하지는 않지만 마음을 수련함에 있어서는 결코 싫증을 느끼는 일이 없습니다.

　내가 그들에게 그리스의 문학과 철학에 대하여 이야기해 주었을 때 — 나는 라틴(Latin) 학문에는 역사와 시(詩)를 제외하고는 그들이 크게 좋아할 만한 것이 없다고 생각합니다. — 그들은 그리스의 학문에 대해 비상한 관심을 나타내며 내게 그리스의 학문을 가르쳐줄 것을 간곡히 청했습니다. 그리하여 나는 그들에게 그리스의 학문을 가르치기 시작했습니다. 처음에는 어떤 결과를 기대했기 때문이 아니라 그들의 간곡한 청을 거절할 수 없었기 때문이었지요.

　그런데 나는 그리스 학문에 대한 그들의 열성적 태도를 보고는 나의 노력이 헛되지 않을 것이라는 것을 곧 알게 되었습니다. 그들은 신기할 정도로 빨리 그리스 문자의 쓰고 읽는 법을 터득했으며 나에게서 배운 것들을 신기할 정도로 정확하게 기억했습니다. 만일 그들이 나의 가르침에 자발적으로 참여한 사람들과 의회(議會)로부터 선발된 뛰어난 지성을 가진 학자들이었다는 사실을 몰랐더라면 나는 분명 기적이라고 생각했을 것입니다. 그들은 3년도 채 되기 전에 그리스어를 완전히 알게 되었으며 서적 자체에 잘못이 없는 한 그들은 그리스의 어느 작품도 막히는 곳 없이 읽을 수 있게 되었습니다.

그토록 빨리 그리스어를 터득하는 것을 보고 나는 그리스가 그들과 어느 정도 관련이 있는 게 아닐까 하고 생각할 정도였습니다. 그들의 언어는 대체로 페르시아어에 더 흡사하지만 지명(地名)과 관직(官職)의 명칭들은 그리스어의 흔적이 있기 때문에 나는 그들이 그리스계(系)의 민족임에 틀림없다고 생각하지 않을 수 없는 것입니다.

내가 네 번째 항해에 오를 때 나는 다시는 돌아오지 않거나 아니면 먼 훗날에야 돌아오겠다고 결심했었습니다. 그래서 나는 팔아야 할 물건 대신에 매우 많은 책들을 배에 싣고 떠났었지요. 나는 그 책들 중에서 그리스 서적 몇 권을 그들에게 선물로 주었습니다. 플라톤의 저작물 거의 대부분과 아리스토텔레스의 많은 책들, 그리고 테오프라스투스 (Theophrastos)[12]가 쓴 식물에 관한 서적 등이었습니다.

그런데 데오프라스투스의 식물에 관한 서적은 유감스럽게도 상태가 매우 좋지 않았습니다. 항해하는 도중 관리에 소홀하여 그 책을 가지고 장난치며 놀던 원숭이[13]가 책장을 몇 군데 찢어버렸던 것입니다. 테오도루스(Theodorus)의 문법책[14]을 갖고 오지 않았기 때문에 내가 그들에게 줄 수 있었던 문법책은 라스카리스(Lascaris)가 쓴 책[15] 한 권뿐이었습니다.

---

12) 아리스토텔레스의 제자. 그의 저작에는 〈식물 원인론〉〈식물지(植物誌)〉 등이 있음.
13) 모어는 동물들을 매우 좋아하여 원숭이 · 여우 · 해리(海狸) · 족제비를 집에서 길렀다 함.
14) Constantine Lascaris 의 그리스어 문법책은 1476년에 발간되었다.
15) Theodorus Gaza의 4권으로 된 그리스어 문법책은 1495년에 발간되었다.

그들은 헤시키우스(Hesychius)의 사전과 디오스코리데스(Dioscorides)의 사전 이외에는 사전이 없었습니다. 그들은 플루타르크(Plutarch)의 작품들을 매우 좋아했으며 루키안(Lucian)의 기지(機智)와 해학(諧謔)을 좋아했습니다. 그리고 시집(詩集)들 중에서는 아리스토파네스(Aristophanes)와 호머(Homer), 에우리피데스(Euripides), 그리고 소포클레스(Sophocles) 등의 올더스(Aldus) 판(版)의 작은 책자들을 갖고 있었으며, 역사책 중에서는 투키디데스(Thucydides)가 쓴 책과 헤로도투스(Herodotus)가 쓴 책, 그리고 헤로디아누스(Herodianus)의 역사책을 갖고 있었습니다.

의학 서적 중에서는 나의 친구인 트리시우스 아피나투스(Tricius Apinatus)가 히포크라테스(Hippocrates)의 몇 권의 작은 책들과 갈렌(Galen)의 의학 핸드북을 가져다주었는데 그들은 그 책들을 매우 소중하게 아꼈습니다. 세계의 어느 민족보다도 의학이 필요 없는 민족임에도 불구하고 그들보다 더 의학을 존중하는 민족은 없을 겁니다. 그들은 의학을 흥미 있고 중요한 학문이라고 생각합니다.

그들은 이 학문으로 인해 자연의 신비를 탐구하는 것은 매우 흥미 있는 일일 뿐만 아니라 자연의 창조주를 기쁘게 하는 훌륭한 일이라고 생각합니다. 자연의 창조주가 이 장엄하고 아름다운 세계를 창조한 것도 인간에게 보여 주기 위해서이며, 또 자연의 창조주가 오직 인간에게만 예지(叡智) 능력을 준 것도 이 아름다운 세계를 감상할 수 있게 하기 위해서라고 생각하기 때문입니다.

따라서 자연의 창조주는 이토록 장엄하고 아름다운 자기의 작품을 주의 깊게 관찰하지 않고 지나쳐 버리며 아무런 감명도 받지 않는 짐승과 같은 비이성적인 사람들보다는 자기의 작품을 주의 깊게 관찰하고 진심으로 감탄하는 사람들을 더 좋아한다고 그들은 생각합니다.

유토피아인들은 그들의 탁월한 지성인들을 과학 연구에 종사하게 함으로써 일상생활에 유용한 것들을 놀라울 정도로 잘 발명해 냅니다. 하지만 제지술(製紙術)과 인쇄술(印刷術) 두 가지에 대해서는 우리에게 신세를 졌지요. 그렇다고 그 두 가지 기술을 모두 다 우리에게 배운 것이 아니고 오히려 대부분은 그들 자신이 습득한 것입니다.

우리가 그들에게 올더스(Aldus) 판(版)의 책자 몇 권을 보여 주고 인쇄술과 종이 만드는 법에 대해 약간 설명해 주자 — 우리는 제지술(製紙術)과 인쇄술(印刷術)에 대한 전문적인 지식이 없었으므로 그들에게 완벽하게 설명해 줄 수는 없었습니다. — 놀랍게도 그들은 즉시 제지 과정과 인쇄 과정을 간파했기 때문입니다.

그리하여 그때까지만 해도 양피(羊皮), 나무껍질, 갈대에만 글을 써 왔던 그들은 종이를 만들어 인쇄를 하기 시작했습니다. 처음에는 성공하지 못했지만 실험을 반복한 후 그 기술을 완전히 익히게 되었습니다. 그들에게 그리스인의 많은 저작이 있었더라면 아무런 어려움 없이 원하는 수량의 책을 인쇄할 수 있었을 것입니다. 그렇지만 그들에게는 내가 앞에서 말한 책들 밖에는 없었으며 이미 그 책들을 수천 부씩 인쇄했습니다.

그들은 특별한 재능을 가진 사람들이지만 오래 여행을 하여 여러 나라들에 대해 잘 알고 있는 외국 여행자들을 크게 환영합니다. 우리를 그토록 환영한 것도 바로 그 때문이었습니다. 그들은 다른 나라들에서 일어난 일들에 대해 듣기를 매우 좋아하기 때문입니다.

무역을 하기 위해 그곳에 찾아오는 사람들은 거의 없습니다. 무역하는 사람들은 금(金)과 은(銀)을 유토피아인들에게 갖고 가지만 유토피아인들은 철(鐵) 이외에는 아무것도 수입하지 않으며, 또 수출품들에 대해서도 이국인들의 배에 실려 보내기 보다는 그들의 배로 직접 운반하기를 좋아합니다. 수출품들을 직접 외국으로 싣고 감으로써 다른 나라들에 대한 많은 지식도 얻을 뿐만 아니라 항해술(船海術)을 연마할 수 있어서 그렇습니다.

노예 제도

　유토피아인들이 '노예'라고 부르는 사람들은 전쟁에서 포로로 잡은 사람들도 아니며, 태어날 때부터 노예 신분으로 태어난 사람들도 아니며, 또 외국의 노예 시장으로부터 사들여 온 사람들도 아닙니다. 그들이 노예라고 부르는 사람들은 그들과 같은 유토피아인들로서 범죄를 저질러 자유를 박탈 당한 사람들이거나 다른 나라에서 사형 선고를 받고 이 나라로 온 사람들입니다. 그런데 노예들 중에는 후자의 경우가 훨씬 더 많습니다.

　유토피아에서는 외국에서 사형 선고를 받은 사람들을 때로는 아주 싼 값으로 사 오지만 대부분의 경우 무상(無償)으로 데려오지요. 어느 부류에 속한 노예이든 모두 쇠고랑에 묶인 채 심한 노동을 해야 합니다.

　그렇지만 유토피아인으로서 범죄를 저질러 노예가 된 사람들은 다른 나라에서 사형 선고를 받고 유토피아로 온 노예들보다 더 혹독한 대우를 받습니다. 모든 유토피아인들은 참된 인간이 되어 도덕적 생활을 하도록 훌륭한 교육을 받아 왔는데 그럼에도 불구하고 악의 유혹에 빠져 범죄를 저지르는 것은 더욱 경멸 받아 마땅한 일이며, 따라서 그러한 사람들은 보다 가혹한 형벌을 받아야 한다고 생각하기 때문입니다.

　유토피아의 노예들 중에는 또 하나의 부류가 있습니다. 그것은 자신의 나라에서 비참한 가난에 시달리느니 차라리 유토피아의 노예가 되려고 스스로 유토피아로 온 외국의 노동자들입니다. 이런 부류의 사람들에게는 유토피아인들보다 많은 일이 주어지는 것 이외에는 유토피아의 시민들과 거의 동등한 대우를 받습니다. 그들에게 많은 일이 주어지는 것은 작업이 능숙하기 때문이지요. 그들이 유토피아를 떠나고 싶을 때에는 — 그러나 그런 일은 거의 없습니다. — 마음대로 떠날 수 있으며 그때 유토피아에서는 그들에게 약간의 사례를 합니다.

환자와 죽음

앞에서 말씀드린 바와 같이 유토피아인들은 환자들을 매우 따뜻하게 보살펴 주며 환자의 회복에 도움이 될 수 있는 약이나 특별한 음식을 공급해 줍니다. 불치병의 환자들에 대해서는 간호사들이 곁에 앉아 말동무가 되어 그들을 위로해 주며 고통을 덜어 주기 위해 온갖 노력을 합니다. 하지만 불치병이면서 동시에 끊임없이 심한 고통 속에 시달리는 환자들에 대해서는 성직자들과 관리들이 방문하여 이렇게 권합니다.

"당신은 남은 인생의 의무를 감당할 수 없으며 당신과 다른 사람들에게 짐이 될 뿐입니다. 당신은 살 만큼 살았습니다. 그러니 더 이상 고통스러운 병에 시달릴 이유가 어디 있습니까? 당신의 삶은 고통만 남아 있을 뿐입니다. 죽기를 주저하지 마십시오. 당신은 고문실 안에 갇혀 있는 것입니다. 그러니 당신 스스로 그 고문실을 부수고 보다 좋은 세계로 탈출하거나 아니면 갇혀 있는 고문실로부터 당신을 탈출하게 해 달라고 우리에게 말씀하십시오. 그러면 탈출시켜 드리겠습니다. 죽음으로 잃는 것은 당신의 고통이지 인생의 쾌락이 아닙니다. 신(神)의 대변자인 성직자들의 충고를 경건하게 받아들이십시오."

환자가 충고를 받아들인 경우에는 스스로 굶어 죽든가 혹은 마취되어 아무런 고통 없이 자신의 불행으로부터 벗어납니다. 하지만 환자가 죽음을 원하지 않는 경우에는 결코 그렇게 하지 않으며, 설사 환자가 충고를 받아들이지 않고 계속 살기를 원한다 하더라도 환자를 전과 마찬가지로 따뜻하게 보살펴 줍니다.

유토피아인들은 충고를 받아들인 사람들의 죽음을 존경합니다. 그러나 성직자들과 의회(議會)의 허락을 받지 않고 제 뜻대로 자살한 경우에는 그의 시체를 화장하거나 매장할 가치조차 없다고 생각하고 아무런 의식(儀式)도 없이 연못 속에 던져 버립니다.

결혼 풍습

여자들은 열여덟 살, 남자들은 스물두 살이 되어야 결혼이 허락됩니다. 결혼 전에 은밀한 육체 관계를 가진 것이 발각된 남녀는 심한 벌을 받게 되며, 시장(市長)의 사면(赦免)이 없는 한 평생토록 결혼할 수 없습니다. 게다가 그러한 죄악을 저지른 남녀의 부모들 또한 크게 망신을 당합니다. 부모의 의무를 게을리했기 때문이지요.

유토피아인들이 이런 죄악을 그토록 엄하게 처벌하는 이유는 만일 이러한 방종한 패덕 행위(悖德行爲)를 단속하지 않으면 일생 동안 단 한 사람의 배우자와 함께 온갖 어려움을 극복해 나아가는 올바른 결혼 생활을 유지하고자 하는 사람이 거의 없을 것이기 때문입니다.

배우자를 선택함에 있어 우리에게는 매우 어리석고 우스꽝스럽게 보이는 관습을 그들은 매우 엄격하게 지키고 있습니다. 즉 결혼하고자 하는 여자는 — 그가 처녀이든 혹은 과부이든 — 선정된 정숙한 부인의 인도를 받아 완전히 발가벗겨진 모습을 상대편 남자에게 보여 주며, 또 남자도 마찬가지로 덕망 있는 남자의 인도에 의해 발가벗겨진 모습을 상대편 여자에게 보여 줍니다.

우리는 이러한 관습을 비웃으며 어리석은 짓이라고 비난했습니다. 그러나 그들은 오히려 우리의 어리석음을 기이하게 생각했습니다. 몇 푼밖에 안 되는 말(馬) 한 마리를 살 때도 말의 안장과 마구(馬具)를 벗겨 샅샅이 살피며 그 안에 흠이라도 감추고 있으면 말을 사려 하지 않으면서 남은 인생의 행(幸), 불행(不幸)을 좌우하는 배우자를 선택하는 데 있어 온몸이 옷으로 가려져 있어 한 뼘밖에 안 되는 얼굴만을 보고 배우자를 결정하는 우리의 어리석음이 기이하다는 것입니다.

거기에는 결혼 후 상대방의 몸 어딘가에서 불쾌한 결함이 발견되면 평생 화목하지 못하게 될 커다란 위험이 내포되어 있기 때문입니다. 물론 오직 배우자의 도덕적 성품에만 관심을 기울이는 사람이라면 결함 따위는 문제가 되지 않을 것입니다. 하지만 그 정도로 현명한 사람은 거의 없으며 때로는 그러한 사람들조차 결혼 후에는 육체의 아름다움이 영혼의 아름다움에 적지 않는 영향을 준다는 것을 알게 될 것입니다.

옷 속에 감추고 있을지도 모르는 추한 결함은 남편의 마음이 떠날 수도 있으며, 그때에는 이미 헤어지기에 너무 늦어 버립니다. 결혼 후에 육체적 결함이 우연히 발견된 경우에는 자신의 운명을 참고 견디지 않으면 안 됩니다. 그러니 속아서 결혼하는 일이 없도록 제도적 보호가 필요한 것입니다.

유토피아인들은 이웃 나라 사람들과는 달리 엄격한 일부일처제(一夫一妻制)를 준수하므로 특별한 법적 규정이 필요합니다. 그곳의 결혼한 부부는 배우자가 간음을 했거나 혹은 견딜 수 없는 비행(非行)을 저지른 경우를 제외하고는 오직 배우자가 죽었을 때에만 헤어질 수 있습니다. 배우자의 간음이나 비행을 저지른 경우에는 의회(議會)로부터 다른 사람과 결혼해도 좋다는 허락을 받을 수 있으며, 죄를 저지른 쪽은 평생토록 수치감 속에서 독신으로 지내야 합니다.

하지만 아내가 병이 들었다든지 늙었다든지 하는 등의 육체적인 재앙을 당했다는 이유만으로는 이혼이 허용되지 않습니다. 병이 들어 위로를 받아야 할 사람을 버리는 것은 잔인한 행위이며, 노화는 질병을 가져올 뿐만 아니라 노화 그 자체가 일종의 질병이므로 늙은 사람을 학대하는 것은 용납될 수 없는 일이라고 보기 때문입니다.

그러나 부부가 성격적으로 맞지 않고 양쪽이 모두 행복해질 수 있는 상대를 발견했을 경우에는 상호간의 합의에 의해 이혼이 가능하고 각기 새로운 배우자를 맞이할 수 있습니다. 그렇더라도 이 경우 반드시 의회의 특별 승인을 얻어야 하며, 이 승인은 트라니보(tranbor)들과 트라니보의 아내들에 의해 세밀한 조사가 행해진 후에야 얻을 수 있습니다. 세밀한 조사가 끝난 후에도 그들은 쉽게 이혼을 승인해 주지 않습니다. 쉽게 승인해 주면 새로운 결혼에 대한 희망으로 현재 부부간의 애정이 쉽게 깨질 수도 있다는 것을 알기 때문입니다.

간음(姦淫)한 자는 가장 가혹한 노예의 형벌을 받게 됩니다. 만일 간음죄를 범한 자들 양쪽이 모두 결혼한 사람들일 경우에 그들의 배우자들(피해자들)은 — 만일 원한다면 — 이혼할 수 있으며, 피해자들끼리나 그들이 선택한 다른 사람과 결혼할 수 있습니다. 그렇지만 배우자가 부정(不貞)한 배우자를 여전히 사랑하는 경우에는 그들이 결혼 생활을 계속하는 것을 강제로 금하지는 않습니다.

이 경우에 그들의 결혼 생활은 간음죄로 노예 판결을 받은 배우자의 형벌인 극심한 노동을 함께 한다는 조건에서만 지속될 수 있습니다. 시장(市長)은 간음죄를 범하여 노예가 된 자의 참회와 그 배우자의 정성에 감동한 나머지 그들을 다시 자유인으로 만들어 주는 일도 종종

있습니다. 그렇지만 간음죄를 범했던 자가 또다시 간음죄를 범할 경우
에는 사형에 처해집니다.

형벌과 법률

유토피아에는 그 이외의 범죄에 대해서는 법률로 정해진 형벌이 없으며, 범죄의 경중(輕重)에 따라 의회에서 적절한 처벌을 결정합니다. 공중 도덕을 해친 무거운 죄를 지어 당국에서 처벌해야 할 경우를 제외하고는 모든 범죄에 대해 남편이 아내를 처벌하고 부모가 자식들을 처벌합니다.

가장 무거운 범죄의 형벌은 보통 노예형입니다. 노예형은 무거운 범죄를 저지른 죄인들에게는 사형만큼이나 두려운 형벌인 동시에 그들을 사형시키는 것보다 사회에 유익한 형벌이라고 말합니다. 그보다는 그들에게 일을 시키는 편이 사회에 유익하며, 그들의 노예 생활을 사람들에게 보여 줌으로써 범죄에 대한 경각심을 불러일으킬 수 있기 때문입니다.

범죄자들이 노예 생활에 반항할 경우에는 길들일 수 없는 사나운 짐승 취급을 하여 처형을 시킵니다. 반대로 노예 생활을 잘 참고 견딘다면 그들에게도 전혀 희망이 없는 것은 아닙니다. 오랜 시간의 가혹한 형벌로 온순해지고 자기가 저지른 죄를 부끄럽게 생각하며 뚜렷한 개전(改悛)의 정을 보일 경우에는 시장(市長)의 사면(赦免)이나 시민들의 투표에 의해 노예형이 경감되거나 완전히 면제가 되기도 합니다.

간음(姦淫)하려다가 실패한 자도 간음한 자와 마찬가지로 가혹한 형벌을 받습니다. 모든 범죄에 있어서 범행(犯行)의 기도(企圖)는 범행을 저지른 것과 똑같이 간주됩니다. 범행에 성공하기 위해 온 힘을 기울인 사람이 범행에 실패했다고 해서 그것이 정상 참작의 요소는 될 수 없다고 생각하기 때문입니다.

유토피아인들은 광대들을 매우 좋아합니다. 광대들을 모욕하는 것은 매우 나쁜 행위로 간주되지만 그들의 우스꽝스러운 모습을 즐기는 것은 금지되지 않습니다. 광대들의 그러한 모습을 즐기는 것은 광대들 자신에게도 유익한 일이라고 생각합니다. 너무 근엄하고 엄격하여 광대들의 바보스러운 언행에서 아무런 재미도 느끼지 못하는 사람에게는 광대를 맡기지 않습니다. 그는 광대에게서 아무런 이익도 즐거움도 발견할 수 없을 것이며 ― 사람들에게 즐거움을 주는 것이 광대들의 유일한 재능입니다. ― 따라서 광대를 잘 돌보아 주지 않을 것이기 때문입니다.

또한 불구자를 비웃는 것은 비열하고 수치스러운 행위로 간주됩니다. 본인의 능력으로 피할 수 없었던 결함에 대해 비난하는 것은 어리석기 짝이 없는 일이니까요.

유토피아인들은 타고난 아름다움을 유지하기 위해 노력하지 않으면 세으르나고 하지만 아름답게 보이려고 화장으로 꾸미는 일은 수치라고 생각합니다. 아내의 육체적인 아름다움보다는 겸손과 남편에 대한 존경심이 애정을 불러일으킨다는 것을 경험을 통해 알고 있습니다. 아름다운 여자의 얼굴은 남자를 일시적으로 매혹시킬 수 있을지 모르지만 아름다운 마음씨와 순종 없이는 남자에게 변함없는 사랑을 받을 수 없는 것입니다.

그들은 범죄를 형벌로 다스림으로써 사람들로 하여금 범죄를 저지르지 않도록 하며, 선행(善行)에 대해서는 보상을 함으로써 선행을 권장합니다. 예컨대 사회에 크게 기여한 훌륭한 사람들의 동상(銅像)을 광장에 세우기도 합니다. 그들의 위대한 공적을 기리는 동시에 후손들에게 조상의 영예를 상기시킴으로써 그들로 하여금 선행을 행하도록 하기 위함이지요.

또한 관직(官職)에 오르기 위해 투표해 달라고 간청하는 사람은 어떤 관직에도 오를 수 없도록 모든 자격이 박탈됩니다. 유토피아인들이 사랑과 선의(善意) 속에서 더불어 살고 있는 이유는 오만하거나 국민들에게 위협적인 태도를 취하는 공직자(公職者)가 한 사람도 없기 때문입니다.

공직자들이 보통 '아버지'라고 불리는 것은 그만큼 국민들에게 아버지처럼 행동하기 때문입니다. 사람들은 누구의 강요에 의해서가 아니라 마음에서 우러나와 공직자들께 존경을 표합니다. 시장(市長)조차도 보통 사람들과 똑같은 옷을 입고 있으므로 그가 입고 있는 옷이나 머리에 쓴 관(冠)에 의해서가 아니라 그가 들고 다니는 한 줌의 곡물로 일반 사람들과 구별됩니다. 주교(主敎)가 들고 다니는 촛불로 구분되는 것과 마찬가지입니다.

유토피아인들은 극소수의 법률만을 갖고 있습니다. 그들의 사회 제도에서는 그 정도의 법률만으로도 충분하기 때문입니다. 다른 나라 사람들은 헤아릴 수 없이 많은 법률 서적과 법률 해석에 따른 서적까지 갖고 있으면서도 오히려 부족한 듯합니다. 그들이 다른 나라들을 이해하기가 가장 힘든 점이 바로 그것입니다. 일반인들이 읽고 올바르게 이해하기에는 너무나 방대하고 어려운 법률 조항들 때문에 국민들이 속박 당하는 것은 부당한 일이라고 보는 것입니다.

그뿐만 아니라 유토피아에는 소송 사건을 교묘하게 조작하고 법률 조항을 교활하게 해석하는 데 탁월한 재능을 가진 변호사라는 것이 없습니다. 그들은 재판관에게 자신의 주장을 직접 표현하고 자신에 대한 변론을 솔직하게 말하는 편이 더 바람직하다고 생각합니다. 그렇게 하면 변호사를 통해 재판관에게 이야기하는 것보다 사건의 애매모호함도 적어지고 진상(眞相)이 쉽게 밝혀지게 됩니다. 누구도 변호사의 기만술(欺瞞術)에 감염되지 않고 자신의 사정을 재판관에게 직접 말하면, 재판관은 자신의 모든 통찰력을 발휘하여 소송 사건의 진상을 밝히고 교활한 사람들의 사악함으로부터 순박한 사람들을 보호해 줄 수 있다고 믿기 때문입니다.

복잡한 법률들이 너무 많은 다른 나라에서는 이런 일이 행해질 수 없습니다. 하지만 법률이 매우 적은 유토피아에서는 사람들 모두가 자기 나라의 법률을 매우 잘 알고 있습니다. 그들은 해석이 명백하고 단순한 법률일수록 올바른 법률이라고 생각합니다. 법률의 유일한 목적은 국민들이 마땅히 해야 할 일을 상기시켜 주는 것이며, 해석이 애매모호한 법률일수록 국민들을 혼란시키면서도 의무를 상기시켜 주지 못하는 것입니다.

해석이 명백하고 단순한 법률은 누구나 올바르게 이해할 수 있지만 해석이 교묘한 법률은 그만큼 올바르게 이해하는 사람이 적기 때문입니다. 자신의 의무나 권리를 알 필요가 있는 사람들, 즉 국민의 대다수를 차지하는 평범한 사람들은 이해하지 못하고, 매우 현명한 사람들이나 법률에 대해 많은 연구를 한 소수의 사람들만이 이해할 수 있는 법률은 있으나 마나 합니다. 법률을 연구할 지적 능력도 없는데다가 생업(生業)에 바쁜 사람들은 법률을 살펴볼 시간적 여유도 없기 때문입니다.

대외 관계

유토피아인들은 오래 전에 대부분의 주변 국가들을 독재로부터 해방시켜 주었지요. 유토피아의 통치자들은 여러 가지 훌륭한 자질로 인해 독립한 나라들에게 초빙되어 어떤 나라에서는 1년 동안, 어떤 나라에서는 5년 동안 그들의 정치 행정을 도와준 일이 있습니다. 그 나라들은 자기 나라에 초빙된 유토피아 통치자들의 임기가 끝나면 그들에게 영예와 존경을 바쳐 유토피아로 호위해 오고 후임자로서 다른 유토피아 통치자들을 자기 나라로 호위해 가곤 했습니다.

그들이 나라를 위해 이러한 대책을 강구한 것은 실로 현명한 일이었습니다. 국가의 흥망(興亡)이란 통치자들의 자질(資質)에 달려 있으며 유토피아인들이야말로 통치자로서 가장 이상적인 자질을 갖추고 있기 때문입니다.

이웃 나라에 초빙된 유토피아의 통치자들은 임기가 끝나면 재물이 필요 없는 고국으로 돌아가므로 매수되어 부정(不正)을 저지를 일이 없으며, 그 나라에는 아무도 아는 사람이 없으므로 특정인에 대하여 사사로운 호의나 악의를 품어 일을 그르치는 경우가 없습니다. 이 두 가지 자질은 통치에 있어 특히 중요한 것입니다. 편견(偏見)과 재물에 대한 탐욕, 이 두 가지야말로 정의를 파괴하고 국가의 안녕을 위협하는 악덕이니까요.

유토피아인들은 통치자를 파견하여 도와준 나라들을 '동맹국'이라고 부르며 그 이외의 방법으로 도와준 나라들을 '우방(友邦)'이라고 부릅니다. 다른 나라들 사이에서 끊임없이 맺어졌다가는 깨어지고 깨어졌다가는 다시 맺어지는 조약(條約)을 유토피아인들은 맺지 않습니다. 그들은 이렇게 반문합니다.

"조약이 무슨 필요가 있습니까? 모든 인간은 태어나면서부터 이미 자연적으로 결합되어 있지 않습니까? 자연이 맺어 준 근본적인 결합을 중요시하지 않는 인간이라면 어떻게 '조약'이라는 한 문구에 지나지 않는 것을 중요시하겠습니까?"

그들이 이러한 견해를 갖게 된 것은 유토피아가 위치한 주변 지역의 국왕들 사이에 맺어진 조약이나 동맹이 실제로는 유명무실(有名無實)하다는 사실에 기인합니다. 하지만 유럽, 특히 기독교 국가들 사이의 조약은 신성불가침한 것으로 간주되고 인정합니다. 그 이유로 첫째, 유럽의 기독교 국가들의 왕들은 선량하고 정의롭기 때문이며 둘째, 그 왕들은 교황을 존경하고 두려워하기 때문입니다.

잘 아시는 바와 같이 역대(歷代)의 교황들은 가장 성실하게 의무를 수행할 뿐만 아니라 모든 군주들에게도 반드시 약속을 지킬 것을 권하며, 만일 자기가 한 약속 지키기를 거부하는 자가 있을 경우에는 교황권(敎皇權)에 의해 약속을 지킬 것을 강요합니다. 교황들은 '성실한 신자'라는 특별한 이름으로 불리는 사람들이 조약을 지키지 않는 것을 가장 수치스러운 일이라고 생각합니다. 그들이 그렇게 생각하는 것도 당연한 일이지요.

그러나 유토피아인들과 정반대 쪽에 위치한 신세계(新世界)에서의 조약은 전혀 신빙성이 없습니다. 그들의 생활과 풍습은 지리적인 거리 이상으로 유토피아인들의 그것과 동떨어져 있습니다.

유럽에서는 성대하고 엄숙하게 조약을 체결할수록 그만큼 빨리 조약을 위반합니다. 조약 문구에서 허점을 찾아내려 하며 때로는 교활하게 고의적으로 조약 문구에 도망갈 구멍을 만들어 놓기 때문입니다. 그러니 아무리 빈틈없는 문구로 굳게 맺어진 조약이라 하더라도 거기에는 반드시 빠져나갈 구멍이 있기 마련이며, 따라서 조약도 신의(信義)도 순식간에 깨져버립니다.

만일 왕에게 그런 교활한 계략을 충고했던 사람이 사적인 계약에서 그와 흡사한 계략을 발견한다면 극도의 분노를 느끼며 근엄한 목소리로, '그 따위 계략보다 더 악질적인 범죄는 없다.'고 비난할 것입니다. 따라서 그런 자들에게 정의란 저속하고 하찮은 사람들에게나 어울리는 미덕에 지나지 않으며 왕권(王權)과는 거리가 있다고 생각합니다.

정의에는 두 가지 종류가 있는데 그중 하나는 일반 서민들에게 통용되는 정의로서 한계를 벗어나지 못하도록 수많은 쇠사슬로 속박되어 있는 정의이며, 다른 한 가지는 원하는 것은 무엇이든 허용되는 왕의 정의로서 훨씬 당당하고 자유로운 정의입니다.

유토피아가 위치한 주변 나라들의 왕들은 위와 같이 행동합니다. 유토피아인들이 조약을 맺지 않으려는 것은 그 지역의 왕들이 제대로 조약을 지키지 않았기 때문이라고 나는 생각합니다. 만일 유토피아인들이 유럽에 산다면 아마도 그들의 마음은 변할지도 모릅니다. 그렇지만 유토피아인들은 조약이 아무리 충실하게 지켜진다 하더라도 조약을 맺는 것 그 자체를 바람직하지 않게 여깁니다.

조약은 사람들로 하여금 서로를 천적(天敵)으로 여기게 한다고 말합니다. 작은 언덕이나 강을 사이에 두고 양쪽에서 살고 있다는 사실이 인류의 모든 결속을 깨뜨리며, 서로를 침략하지 않는다는 특별한 조약이 없는 한 서로가 서로를 공격하여 멸망시키는 것은 정당하다고 생각하기 때문입니다. 설사 그런 조약이 맺어졌다 하더라도 그것이 친구임을 의미하는 것은 아닙니다. 그 조약의 규정이 완벽하게 작성되어 있지 않는 한 서로를 침략할 권리를 갖기 때문입니다.

유토피아인들의 사고방식은 이와는 정반대입니다. 자기에게 아무런 피해도 주지 않는 사람을 적으로 간주해서는 안 된다고 봅니다. 자연적으로 같은 인류라는 동료 의식이 곧 조약이며 인간은 조약보다는 인간애(人間愛)에 의해, 그리고 말(言)에 의해서보다는 정신에 의해 훨씬 더 굳게 결합된다고 믿습니다.

전쟁에 대하여

이제 전쟁에 대해 이야기하기로 합시다. 그들은 전쟁을 몹시 싫어합니다. 싸움이나 전쟁은 짐승들에게나 어울리는 비인간적인 행위임에도 불구하고 인간은 어떤 하등 동물들보다도 더 싸움을 일삼고 있다고 말합니다. 실제로 유토피아인들은 다른 나라 사람들과는 달리 전쟁에서 얻어진 명예만큼 불명예스러운 것은 없다고 말합니다. 물론 유토피아인들도 남녀 모두 정기적인 군사 훈련을 받습니다. 그것은 어쩔 수 없이 전쟁을 해야만 할 경우를 대비해서이지요.

그렇지만 그들은 나라를 지키기 위해서라든가, 우방(友邦)을 침입한 적군을 격퇴하기 위해서라든가, 독재 지배에서 억압받는 다른 나라 국민들을 학정(虐政)으로부터 해방시켜 주기 위해서가 ─ 그들은 학정에 시달리는 국민들을 가엾게 여겨 인간애(人間愛)의 정신으로 학정의 속박으로부터 해방시켜 줍니다. ─ 아니면 결코 전쟁을 하는 일이 없습니다.

그들은 우방(友邦)을 지켜 주기 위해서 뿐만 아니라 때로는 우방이 받는 불법 침략 행위에 보복을 하기 위해서도 원군을 파견합니다. 그런데 우방으로부터 요청이 있을 때, 그것도 우방이 침략으로 피해를 입은 것이 사실이고 그 우방을 침략한 나라가 피해에 대한 보상을 거절한다는 것이 확인된 후에야 비로소 원군을 파견합니다.

즉 침략한 나라에게 하는 우방의 요구가 정당하며 피해에 대한 반환과 보상을 거부하는 경우에 유토피아인들은 전쟁을 선포하는 것입니다. 유토피아인들은 무력에 의한 약탈 행위만을 불법 침략으로 간주하는 것이 아니라 우방의 상인이 외국에서 법률의 부당한 해석으로 피해를 받는 경우에는 더욱더 치열하게 전쟁을 합니다.

우리가 유토피아에 도착하기 얼마 전에 유토피아인들이 네펠로게트인들(Nephelogetes)을 위해 알라오폴리스인들(Alaopolitans)에게 대항하여 싸운 전쟁도 네펠로게트의 상인들이 법률을 구실 삼은 알라오폴리스인들로부터 부당한 박해를 받았기 때문입니다. 그 박해가 부당한 것이라고 판단한 유토피아인들은 처참한 전쟁을 치르게 된 것입니다.

주위에 있는 나라들은 양쪽 중 어느 한 쪽에 지원군과 물자를 보내 싸움은 더욱 길어지고 치열해졌습니다. 그리하여 전쟁이 끝날 즈음에는 부유한 나라들조차도 기반이 흔들리거나 치명적인 타격을 받게 되었습니다.

끊임없이 계속된 그 전쟁은 마침내 알라오폴리스의 항복으로 끝나게 되었으며, 그 결과 예전에는 네펠로게트인들과는 비교할 수 없을 정도로 풍요로웠던 알라오폴리스인들은 네펠로게트인들의 노예가 되었습니다. 그런데 유토피아인들은 네펠로게트인들을 도와 싸운 데 대해 아무런 대가도 받지 않았습니다. 유토피아인들이 그들을 도운 것은 자기 나라의 이익을 위해서가 아니었기 때문이죠.

이와 같이 유토피아인들은 그들의 우방에게 가해진 부당한 행위에 대해서는 — 설사 그것이 단순한 금전상의 문제일지라도 — 엄하게 징벌합니다. 그러나 자신의 나라에 가해진 부당한 행위에 대해서는 가능한 징벌하지 않습니다. 예컨대 유토피아의 상인들이 다른 나라에서 사기(詐欺)를 당해 재산상의 손실을 입었을지라도 신체적인 피해를 당하지 않은 한 그에 대한 합당한 보상을 받을 때까지 그 나라와의 무역을 중지하는 것 이상의 징벌은 하지 않습니다.

그것은 자국민들보다도 우방의 국민들을 더 중요시하기 때문이 아니라 자국의 재산상 손실보다도 우방의 재산상 손실을 훨씬 더 가슴 아파하기 때문입니다. 우방 상인들의 손실은 개인의 손실을 의미하며 따라서 그 타격은 그만큼 큰 데 비해 유토피아 상인의 손실은 공유 재산의 손실을 의미하므로 타격은 그만큼 사소하기 때문입니다.

더구나 유토피아인들은 남아도는 물품들만을 수출하므로 그들이 잃은 것은 국내의 남는 물품이었을 것입니다. 따라서 인명(人命)과 생활에 거의 아무런 영향도 미치지 않은 물질적 손실을 입었다고 보복에 나서 수많은 사람들을 죽이는 것은 잔인한 일이라고 생각하고 있습니다.

그런데 유토피아인이 다른 나라에서 부당하게 불구(不具)가 되었거나 살해 당했을 경우에는 그것이 그 나라 정부에 의해 행해진 일이건 개인이 한 일이건 외교 사절을 통해 사건의 진상을 조사하고 그 손해에 대한 배상으로서 범인의 인도(引渡)를 요구합니다. 만일 범인이 인도되지 않을 경우에는 즉시 전쟁을 선포하며, 범인이 인도되있을 경우에는 그 범인을 사형에 처하든가 아니면 노예형에 처하는 것으로 마무리합니다.

유토피아인들은 피를 대가로 지불하고 얻는 승리를 좋아하지 않을 뿐만 아니라 오히려 수치스럽게 여깁니다. 설사 그것이 아무리 값진 것이라 하더라도 승리를 위해 지나치게 많은 대가를 지불하는 것은 어리석은 짓이라고 생각합니다.

유토피아인들은 지혜와 기지로 적을 압도하고 정복하는 것을 매우 좋아합니다. 그때는 온 국민과 함께 축제를 열며 빛나는 업적을 기리기 위해 기념비를 세우고 승리를 축하합니다. 인간만이 소유한 지혜와 기지로 승리했을 때에는 인간답게 싸웠다는 데 대해 긍지를 느끼는 것입니다. 육체의 힘으로 싸우는 것은 곰, 사자, 산돼지, 이리, 개 등의 짐승들이나 하는 짓이라고 생각하지요. 대부분의 짐승들은 용맹스러움과 육체적인 힘에 있어서는 인간보다 우월하지만 지혜와 이성(理性)에 있어서는 어떤 짐승보다 인간이 우월합니다.

전쟁을 하는 동안 그들이 지향하는 유일한 목표는 — 일찍이 관철되었더라면 전쟁이 일어나지 않았을 — 요구 사항을 평화적인 방법으로 관철하는 것입니다. 만약 그것이 불가능한 경우에는 혹독하게 보복하여 상대 나라로 하여금 다시는 그런 부당한 행위를 반복하지 못하게 합니다.

그들은 가장 효과적인 방법으로 이러한 목적을 달성하려고 하는데 명성을 얻는 것보다는 최대한 위험을 피하려고 노력합니다. 그러므로 전쟁을 선포함과 동시에 그들은 비밀 조직을 통해 적국(敵國)의 눈에 가장 잘 띄는 장소에 포고문(布告文)을 붙입니다.

이 포고문에는 적국(敵國)의 왕을 죽이는 자에게는 거액의 보상을 한다는 내용이 있습니다. 그리고 포고문 명단에 들어 있는 유토피아 정책을 반대하는 사람을 죽이는 자에게는 왕 다음으로 역시 막대한 보상을 약속하며 생포하는 자에게는 두 배의 보상을 합니다. 또한 명단에 이름이 오른 사람의 동료를 잡아오는 경우에도 동일한 보상을 줄 뿐만 아니라 신변 안전을 보장해 주겠다는 약속도 합니다.

이 포고문의 효과는 즉시 나타납니다. 포고문의 명단에 이름이 기록된 사람들은 자기 이외의 모든 사람들을 의심하게 되며 동료들끼리도 반목질시(反目嫉視)하게 됩니다. 그렇게 되면 그들은 당연히 두려움에 빠지게 되지요. 그들뿐만 아니라 왕들도 가장 믿었던 사람으로부터 배신 당한 일이 종종 있었다는 사실을 잘 알기 때문입니다.

뇌물의 유혹은 사람들로 하여금 무슨 일이라도 할 수 있게 하며 유토피아에는 그들에게 줄 상금이 얼마든지 있습니다. 그래서 그토록 위험한 일을 하는 대가로 그에 상당하는 엄청난 상금을 약속할 수 있는 것입니다. 유토피아인들은 그들에게 약속을 지킬 뿐만 아니라 우방(友邦) 내의 안전한 곳에 있는 토지도 상으로 줍니다.

다른 나라에서는 돈으로 적(敵)을 매수하는 행위를 비열하고 잔인한 짓이라고 비난합니다. 그러나 유토피아인들은 오히려 자랑스럽게 생각합니다. 큰 전쟁을 단 한 번의 싸움도 없이 끝내는 것은 매우 훌륭한 일이며, 죄를 지은 몇 사람을 희생시켜 죄 없는 무수한 사람들의 생명을 구하는 것은 매우 고귀한 일이라고 말합니다.

전쟁이 일어나면 적군이건 아군이건 수많은 병사들의 생명이 사라지게 되는 것을 그들은 걱정하는 것입니다. 왕의 광기(狂氣)로 인해 적국의 병사들이 전쟁터로 내몰렸다는 것을 알고 있으므로 자국민들에게처럼 적국(敵國)의 국민들에 대해서도 연민의 정을 느낍니다.

적을 매수하는 방법이 성공하지 못하면 유토피아인들은 적국(敵國) 왕의 형제나 귀족들 중 한 사람을 충동질하여 왕위를 노리게 하여 불화의 씨를 뿌립니다. 이런 방법도 실패하면 이번에는 적국의 이웃 나라들을 충동질하여 오랫동안 잊고 있었던 영토 소유권을 주장하게 합니다. 대부분의 나라들에게는 그런 요소가 늘 있게 마련이지요. 그들은 전쟁이 일어날 경우 그 나라를 지원해 주겠다고 약속합니다.

그런데 경제적으로는 얼마든지 지원해 주지만 군대는 거의 보내지 않습니다. 그들은 국민 한 사람의 생명을 적국 왕의 생명과도 맞바꾸지 않을 정도로 아끼기 때문입니다. 대신에 금(金)이나 은(銀)이라면 기꺼이 내놓습니다. 그것들은 오직 전쟁을 위해 축적해 놓고 있으며 또 금과 은을 다 써버린다 하더라도 그들의 일상생활에는 아무런 지장이 없다는 것을 알고 있습니다. 더구나 그들에게는 국내뿐만 아니라 앞에서 말씀드린 바와 같이 수많은 나라들로부터 지불 유예된 막대한 재산이 있습니다.

그렇기 때문에 만약 전쟁이 일어나면 그들은 세계 각국(各國)으로부터 병사들을 — 특히 자폴레트인들(Zapoletans) — 고용하여 전쟁터로 내보냅니다. 자폴레트인들은 유토피아로부터 동쪽으로 약 오백 마일 떨어진 울창한 밀림과 산악 지대에서 살고 있는 민족으로서 성질이 매우 난폭하고 잔인한 사람들입니다.

그들은 매우 튼튼하여 심한 더위와 추위 그리고 힘든 일도 잘 견디어 냅니다. 어떤 집에서 살든 무슨 옷을 입든 개의치 않으며 사치도 모릅니다. 농사 대신 가축을 기르기는 하지만 대부분 사냥과 약탈로 생계를 유지합니다. 실로 그들은 전쟁을 하기 위해 태어난 사람들로서 항상 싸울 기회를 찾고 있으며, 기회가 포착되면 병사를 필요로 하는 나라로 수천 명씩 떼를 지어 달려가 싼 값으로도 그 나라를 위해 싸워 줍니다. 그들이 알고 있는 유일한 생계 유지 방법이 바로 이것입니다.

자폴레트인들(Zapoletans)은 자신들을 고용한 나라를 위해 충성을 다해 열심히 싸웁니다. 그런데 그들은 한 나라에만 묶여 있는 것이 아니라 더 많은 보수를 주는 나라가 있다면 다음 날이라도 당장 그 나라를 위해 싸웁니다. 심지어 대항하여 싸우던 적국(敵國)으로부터 더 많은 보수를 받으면 그 적국을 위해서도 싸울 수 있으며, 다음 날 먼저 그들을 고용했던 나라가 조금이라도 더 많은 보수를 제의하면 즉시 그 나라를 위해 싸우기도 합니다.

그러므로 거의 모든 전쟁에서 이쪽 편 저쪽 편 가리지 않고 동시에 양쪽에서 많은 자폴레트인(Zapoletans) 용병(庸兵)들이 발견됩니다. 혈연으로 맺어진 일족(一族)이 같은 편에 고용되어 싸우다가 곧 적이 되어 싸우는 일은 비일비재(非一非再)합니다. 그들은 혈연관계와 우정도 망각하고 서로를 잔인하게 죽입니다. 양쪽 왕으로부터 고용되어 얼마 안 되는 돈을 받고 서로를 그렇게 죽이는 것입니다.

그들은 돈을 너무 좋아해서 하루에 반(半) 페니만 더 준다고 하면 즉시 반대편을 위해 싸우지요. 그렇게 돈을 좋아하지만 또한 금방 낭비하고 맙니다. 피의 대가로 번 돈을 가장 천박한 환락에 써버리고 마는 것입니다.

자폴레트인들(Zapoletans)은 특히 유토피아인들에게 고용되어 싸우기를 좋아합니다. 다른 어느 나라보다도 많은 보수를 주니까요. 유토피아인들은 좋은 일에는 선인(善人)을 고용하고 나쁜 일에는 악인(惡人)을 고용하는 것을 원칙으로 삼고 있습니다.

그 때문에 유토피아인들은 막대한 보수를 약속하고 자폴레트인들을 위험하기 짝이 없는 전쟁터로 보냅니다. 그런데 대부분의 자폴레트인들은 살아 돌아오지 못하므로 보수도 받지 못하지요. 그러나 살아 돌아온 사람들에게는 성실하게 약속을 지킵니다. 후에 이와 같은 위험에 빠졌을 때 자폴레트인들을 다시 고용하기 위해서입니다.

유토피아인들은 그들이 전쟁터로 내보낸 자폴레트인들이 아무리 많이 죽어도 개의치 않습니다. 자폴레트인들과 같이 비도덕적이고 사악한 사람들이 세상에서 사라지는 것이 인류에게 유익한 일이라고 생각하기 때문입니다.

자폴레트인들을 고용하고도 용병(傭兵)이 더 필요한 경우에는 유토피아가 군사 원조를 해 주었던 나라의 병력과 우방(友邦) 여러 나라의 원군을 이용합니다. 그래도 병력이 더 필요하면 마지막으로 그들 나라의 국민들을 전쟁터로 내보냅니다.

그들은 용맹스러운 사람을 한 명 뽑아 그 사람에게 전군(全軍)의 지휘권을 줍니다. 그리고 그 지휘관 밑에 두 사람의 부(副)지휘관을 두며 지휘관에게 아무런 일도 생기지 않으면 보좌의 임무만 있으나 지휘관이 적군의 포로가 되거나 전사했을 경우에는 두 부지휘관 중 한 사람이 지휘관 자리에 오르며 그 사람이 또 포로가 되거나 전사했을 경우에는 다른 부지휘관이 지휘관 자리에 오릅니다. 그것은 지휘관에게 무슨 일이 생기더라도 전 군대가 혼란을 일으키는 일이 없도록 하기 위함입니다.

유토피아의 해외 지원병은 각 도시에서 자원한 사람들로만 이루어집니다. 국민들 아무에게도 전쟁에 나가도록 강요하지 않습니다. 겁이 많은 사람은 훌륭한 병사가 될 수 없을 뿐만 아니라 군대의 사기(士氣)를 저하시킬 우려가 있으니까요.

하지만 다른 나라가 유토피아를 공격해 왔을 경우에는 아무리 겁이 많은 사람이라 할지라도 불구만 아니라면 모두 출전합니다. 유약한 사람들은 용감한 병사들과 함께 군함에 태워지거나 혹은 도망갈 수 없는 성벽에 적당한 간격을 두고 배치됩니다. 그렇게 하면 실제로 적과 교전하게 되었을 때에는 도망이 불가능하다는 사실과 동료들의 시선을 의식하여 공포심을 극복하고 영웅처럼 용감하게 싸우는 일이 종종 있습니다.

해외 지원병에는 강제로 징집되는 일이 없지만 아내가 남편을 따라 전쟁터에 갈 수 있을 뿐만 아니라 여자들의 참전은 찬사와 격려를 받습니다. 여자들이 전쟁터에 나가면 자식들과 함께 남편의 곁에 배치됩니다. 강한 유대감을 가진 가족들끼리 가능한 함께 있도록 함으로써 본능에 따라 서로 도울 수 있게 해야 한다고 믿기 때문입니다.

전쟁터에서 아내는 죽고 남편만 살아 돌아온다거나 남편은 죽고 아내만 살아 돌아온다거나 부모는 죽고 자식만 돌아오는 경우에는 살아서 돌아오는 것이 최대의 치욕이라고 생각합니다. 그러므로 일단 유토피아인들이 전쟁터에 배치되었다면 적군이 완강하게 대항하면 할수록 전쟁은 길어지게 되고 때로는 양쪽 모두 전멸될 때까지 치열하게 싸웁니다.

용병(傭兵)으로 전쟁을 끝낼 수 있다면 유토피아인들은 자국민을 전쟁터에 내보내지 않도록 최선의 노력을 다합니다. 하지만 유토피아인들을 전쟁터에 보내는 것이 불가피하게 되면 전쟁에 신중하려고 노력했던 것만큼이나 용감하게 싸웁니다.

초기에는 그렇게 격렬하지 않지만 전쟁이 계속되는 동안 그들은 점점 단호해지며 마침내 한 치의 땅을 적에게 내주기보다는 차라리 죽음을 택하기에 이릅니다. 병사들의 사기를 떨어뜨리는 요인은 가족들의 생계나 자식들의 장래 이 두 가지이지만 유토피아의 병사들은 걱정할 필요가 없다는 것을 잘 알고 있으므로 그들의 사기는 높고 죽음도 두려워하지 않게 됩니다.

뿐만 아니라 그들의 자신감은 군사 훈련에 의해 더욱 고조됩니다. 더불어 교육과 사회 환경으로 어린 시절부터 몸에 배어 있는 그들의 훌륭하고 건전한 정신은 한층 더 용기를 북돋아 줍니다. 따라서 무모하게 던져버리지 않을 만큼 생명을 중요하게 여기면서도 나라를 지켜야 할 때에는 비열하고 수치스러운 태도로 생명에 집착하지 않습니다.

전쟁이 점점 치열해져 마침내 전역(全域)에서 백열전(白熱戰)이 벌어지게 되었을 때에는 특별히 선발되어 생사(生死)를 함께 하기로 맹세한 최정예 병사들이 목숨을 바쳐 적군의 대장을 공격합니다. 그들은 적군의 대장을 정면에서 공격하기도 하고 때로는 기습하기도 하며, 멀리서 공격하기도 하고 가까이에서 육박전(肉薄戰)을 펼치기도 합니다. 지치는 자가 생기더라도 새로운 병사로 교체되어 적장에 대한 공격은 끊임없이 계속됩니다. 결국 적장은 멀리 도망쳐 안전을 도모하지 않는 한 거의 죽거나 생포(生捕)됩니다.

전쟁에 이겼다 하더라도 도망치는 적군을 죽이기보다는 포로로 생포하기 때문에 대량 학살(大量虐殺)은 일어나지 않습니다. 또한 그들은 적어도 한 부대(部隊) 이상을 전투 태세로 갖추어야만 도망치는 적을 추격합니다. 이 원칙을 철저하게 지켜서 남은 병력을 분산시켜 가며 적군을 추격하기보다는 차라리 패잔병들이 도망치도록 내버려둡니다.

그것은 그들이 과거의 경험을 기억하기 때문입니다. 언젠가 유토피아의 전군(全軍)이 전쟁에 패하여 도망치고 있을 때 승리감에 취한 적의 군대가 뿔뿔이 흩어져 도망치는 유토피아의 병사들을 의기양양하게 사방에서 추격해 왔습니다. 그때 기회를 노리고 매복해 있던 유토피아의 적은 병력은 방심한 채 추격해 오는 적군을 기습했습니다. 그 때문에 전세(戰勢)는 역전되어 조금 전까지만 해도 승리가 확실시 되었던 적군은 패하게 되고 패배가 확실했던 유토피아인들이 승리했던 적이 있었습니다.

그들은 복병(伏兵) 전술에 뛰어난 것만큼이나 적군의 복병을 피함에 있어서도 뛰어납니다. 퇴각(退却)할 의도가 없으면서 퇴각을 가장하는 경우도 있으며, 또 퇴각하기로 했으면서도 퇴각하지 않으려는 것처럼 위장하는 경우도 있습니다. 병력이나 지리적 조건이 적군보다 열세(劣勢)에 있다고 판단했을 때에는 밤중에 소리 없이 진지(陣地)를 옮겨 버립니다.

대낮에 태연하고 질서 정연하게 퇴각하는 계략으로 적군을 속이기도 하는데 적군으로 하여금 그런 모습으로 퇴각하는 유토피아 병사들을 공격하는 것은 진군(進軍)하는 군대를 공격하는 것처럼 위험한 일이라고 착각하게 만듭니다.

그들은 진지(陣地) 둘레에 깊고 넓은 호(壕)를 파고 거기서 생긴 흙으로 호의 안쪽에 방어벽을 만들어 진지 보호에 세심한 주의를 기울입니다. 그들은 이 작업을 노예들에게 시키지 않고 직접 합니다. 호의 앞쪽에 적의 기습에 대비해 완전 무장하여 세워 둔 몇 명의 보초들을 제외한 모든 병사들이 이 작업에 참여합니다. 많은 병사들이 동시에 작업을 하므로 광대한 지역에 호를 파고 방어벽을 쌓는 일이 놀라울 만큼 빨리 끝납니다.

그들의 갑옷은 공격으로부터 몸을 보호하기에 충분하면서도 활동에는 아무런 지장도 주지 않습니다. 심지어 갑옷을 입은 채 수영을 하더라도 아무런 불편을 느끼지 않으며, 실제로 유토피아인들은 군사 훈련의 초기 단계부터 갑옷을 입고 수영하는 훈련을 합니다.

적군과 멀리 떨어져서 싸울 때에는 활을 사용합니다. 그들은 서 있을 때뿐만 아니라 말 위에서도 매우 강력하고 정확하게 활을 씁니다. 적과 가까이에서 싸울 때에는 칼 대신 전투용 도끼를 사용합니다. 그들의 육중한 전투용 도끼는 예리하기 때문에 찌르거나 베면 상대에게 치명적인 피해를 줄 수 있습니다.

또한 그들은 새로운 무기들을 발명하기도 합니다. 그렇지만 실제로 그 무기들을 전쟁에서 사용하기 전에 적이 알아버리면 그만큼 효과가 줄어들기 때문에 그 무기들을 감추어 둡니다. 새로운 무기들은 운반하기 쉽고 조작하기 쉽도록 만들기 위해 특히 주의를 기울입니다.

만약 적과의 휴전 협정이 맺어지면 유토피아인들은 협정을 충실히 지키며 절대로 공격하지 않습니다. 심지어 적이 도발 행위(挑發行爲)를 했을 경우에도 그들은 휴전 협정을 충실히 지킵니다. 또한 유토피아인들은 적국(敵國)의 영토를 황폐하게 만들거나 농작물을 불태워 버리는 어리석은 짓은 하지 않습니다. 오히려 그들 자신과 말(馬)들이 적국의 농작물을 망치지 않도록 최선의 노력을 기울입니다. 그 농작물이 결국 그들에게 이익이 된다는 것을 잘 알기 때문입니다.

그들은 스파이가 아닌 한 무장하지 않은 적국의 국민들은 결코 해치지 않으며 항복한 도시들은 완벽하게 보호해 줍니다. 그들은 무력으로 점령한 도시들에서조차 약탈하지 않습니다. 적국의 국민들이 항복하는 것을 방해하는 적장은 사형에 처하며 나머지 병사들은 노예로 삼을 뿐 무장하지 않은 일반 국민들은 조금도 해치지 않습니다.

항복하기를 주장한 적국의 국민들에게는 사형에 처해진 적장과 노예가 된 사람들 재산의 일부를 나누어 주며 나머지 재산들은 그들을 도와 싸워 준 동맹국의 병사들에게 나누어 줍니다. 하지만 유토피아 병사들에게는 아무것도 나누어 주지 않습니다.

전쟁이 끝나면 전쟁으로 인해 지출된 경비 일체를 패전국(敗戰國)에게 부담하게 하고 우방(友邦)에게는 한 푼도 부담시키지 않습니다. 그 경비는 패전국으로 인해 지출되었기 때문입니다. 경비의 일부는 현금으로 요구하며 나머지는 패전국의 영토 중 쓸모 있는 땅의 소유권을 요구합니다. 경비의 일부를 현금으로 요구하는 이유는 후일의 전쟁에 대비하여 비축하기 위해서이며 나머지를 영토의 소유권으로 요구하는 이유는 매년 그 땅으로부터 막대한 수입을 얻기 위해서입니다.

유토피아인들은 여러 나라에 이러한 수입원(收入源)을 갖고 있으며 그 수입은 점점 늘어 오늘날에는 매년 칠십만 듀카트(Ducats, 당시 국제무역 화폐단위)[16] 이상 됩니다. 이러한 나라들에는 유토피아 시민들 중에서 선발된 재무관(財務官)이 파견되는데 그들은 그곳에서 호화로운 부호(富豪)처럼 생활합니다. 그들이 아무리 호화로운 생활을 해도 돈을 그 나라에 빌려 주지 않는 한 유토피아의 국고(國庫)에 넣을 막대한 돈이 들어옵니다.

실제로 유토피아가 필요로 할 때까지 돈을 그 나라에 빌려 주는 일이 종종 있습니다. 하지만 유토피아가 그 돈을 필요로 할 때조차도 전액을 돌려줄 것을 요구하는 일은 거의 없습니다. 그들은 그 돈의 일부를 내가 전에 말씀드린 것처럼 큰 위험을 무릅쓰고 그들의 요청을 받아들인 사람들에게 나누어 줍니다.

만일 유토피아에 대항하려는 어느 나라의 왕이 군대를 일으켜 영토를 침략해 오면 유토피아인들은 즉시 대군(大軍)을 파견하여 적군이 국경에 도착하기 전에 방어합니다. 유토피아인들은 가능한 자기들의 영토에서 전쟁을 하려 하지 않으며 어떤 때는 동맹국의 군대가 그들의 영토에 발을 들여놓는 것조차도 허락하지 않기 때문입니다.

---

16) 약 삼십이만 칠천 파운드.

종교

끝으로 유토피아인들의 종교관(宗敎觀)에 대해 말씀드리겠습니다. 유토피아에는 각 도시마다 다양한 종교가 있는데 어떤 사람들은 태양을 신(神)으로 숭배하고 어떤 사람들은 달을 신으로 숭배하며, 또 어떤 사람들은 여러 별들을 신으로 숭배합니다. 또는 과거의 위대한 인물이나 덕망 있는 인물을 경배할 뿐만 아니라 최고의 신(神)으로 숭배하기도 합니다.

하지만 대다수의 유토피아인들과 분별력 있는 사람들은 위에서 말한 것과 같은 종교들을 신봉하지 않으며, 영원하고 무한하며 말로는 설명할 수도 없고 인간의 이성(理性)으로는 이해할 수도 없는, 그리고 실제로서가 아니라 하나의 살아있는 힘으로서 이 우주에 편재(遍在)해 있는 유일하고 신성한 존재를 믿습니다. 그들은 그 존재를 '아버지'라고 부릅니다. 그들은 만물에게 생기는 모든 일, 즉 만물의 생성, 성장, 발달, 변화, 사멸(死滅)은 '그'에 의한 것이라고 믿으며 '그' 이외에는 무엇에도 신성(神性)을 인정하지 않습니다.

이 점에 대해서는 그 밖의 다양한 종교를 신봉하는 다른 사람들도 같은 견해를 갖고 있습니다. 각기 다른 종교를 신봉하는 사람들도 유일한 최고의 존재를 믿으며 '그'가 우주를 창조하여 다스린다고 믿고 있습니다. '그'를 유토피아어(語)로 '미트라'(Mithra)[17]라고 부릅니다. '미트

---

17) 고대 페르시아의 태양 · 빛 · 전투의 신.

라' 가 누구인가 하는 점에 대해서는 각기 견해를 달리하지만 자기가 최고의 존재라고 믿는 것이 무엇이건 간에 그 최고의 존재는 만물의 유일한 기원인 거대한 힘, 즉 자연과 일치한다고 주장합니다.

점차로 그들의 여러 가지 열등(劣等)한 종교로부터 벗어나 최고 이성의 종교로 생각되는 하나의 종교로 일치해 가고 있습니다. 그들이 개종(改宗)하려고 할 때 생긴 불행한 사건을 우연히 일어난 일이라고 생각하지 않고 천벌(天罰), 즉 자기에게서 버림받은 신이 벌을 내린 것이라고 생각하는 미신적인 경향만 없었더라면 다른 종교들은 이미 오래 전에 유토피아에서 사라졌을 것입니다.

그들에게 그리스도와 그의 삶과 가르침, 그리스도가 행했던 기적들, 그리고 많은 나라의 사람들을 기독교로 개종(改宗)시키기 위해 기꺼이 자신의 피를 흘린 순교자(殉敎者)들의 놀라운 희생 등에 대해 이야기해 주자 믿어지지 않을 만큼 쉽사리 기독교로 개종(改宗)했습니다. 그것은 자신들도 모르는 사이에 하느님의 성령(聖靈)에 감화(感化)되었기 때문이거나 아니면 그들 사이에 널리 퍼져 있는 종교와 기독교가 매우 흡사하다고 생각했기 때문인지도 모릅니다.

그리스도는 모든 것을 공유(共有)하는 그의 제자들의 생활 방식을 기뻐했으며, 지금도 진정한 기독교 사회에서는 공유 제도(共有制度)가 행해지고 있다는 우리의 말이 그들에게 커다란 영향을 주었다고 생각합니다. 어쨌든 수많은 유토피아인들이 우리의 종교를 택하고 세례(洗禮)를 받았습니다.

그런데 우리들 네 명 — 우리의 일행 여섯 명 중에서 두 명은 그곳에서 죽었답니다. — 중에는 불행하게도 사제(司祭)가 없었습니다. 때문에 그들은 교회의 다른 모든 의식(儀式)들은 할 수 있었지만 사제만이 할 수 있는 성례식(聖禮式)은 받을 수가 없었습니다.

그들은 다른 어떤 나라 사람들보다도 성례식을 더 잘 이해했으며, 또 성례식을 갈망했습니다. 그리하여 성례식을 수행할 주교(主敎)가 오지 않더라도 그들 중 한 사람을 사제로 삼아 성례식을 수행하게 하는 것이 옳은지 그릇된 일인지에 대해 진지하게 토론하기도 했습니다.

우리가 유토피아를 떠나올 때까지는 사제를 선출하지 않았습니다만 그들 중 한 사람을 선출하여 사제로 삼으려는 것 같았습니다.

물론 기독교를 거부하는 유토피아인들도 많이 있습니다. 그렇지만 다른 사람들이 기독교를 받아들이는 것을 막으려고 하지 않고 또 기독교로 개종(改宗)한 사람들을 비난하지도 않습니다.

그런데 내가 유토피아에 머무르는 동안 개종한 기독교인 한 사람이 처벌 받는 것을 한 번 본 적이 있습니다. 그는 우리의 충고에도 불구하고 세례를 받자마자 많은 사람들 앞에서 지나치게 열정적으로 기독교에 대해 설교하기 시작했습니다. 마침내 그는 기독교의 우월성을 주장하는 것을 넘어서서 다른 종교들을 비방하기 시작했습니다. 기독교 이외의 다른 종교는 모두 미신이며 그런 종교를 믿는 사람들은 경건하지 못하고 신성(神聖)을 더럽히는 자들이라 영원히 꺼지지 않는 지옥 불 속으로 떨어지는 천벌을 받게 될 것이라고 목청껏 외쳐댔습니다.

이렇게 몇 시간을 떠들어대자 유토피아인들은 그를 체포하고 기소(起訴)하여 그에게 유죄 판결을 내렸습니다. 다른 종교에 대한 모독(神聖冒

瀆) 때문이 아니라 사람들을 선동하여 혼란을 일으키려 했다는 죄목으로 그를 추방해 버린 것입니다. 유토피아에서는 다른 어떤 종교도 강요해서는 안 된다는 것이 옛날부터 내려오는 그들의 원칙입니다.

이 원칙의 기원은 유토포스(Utopus)가 유토피아를 정복했던 당시로 거슬러 올라갑니다. 유토포스가 유토피아에 오기 전까지는 종교 문제로 인한 분쟁(紛爭)이 끊임없이 일어났으며 나라를 지키는 일에 있어서도 각 종파(宗派)의 사람들은 합심(合心)하지 않았습니다. 이 이야기를 들은 유토포스는 자신이 유토피아를 정복할 수 있었던 이유가 바로 그것 때문이었다는 것을 알게 되었습니다.

유토피아를 정복한 후 유토포스는 무엇보다도 먼저 다음과 같은 법률을 만들었습니다.

'모든 사람은 자기가 원하는 종교를 자유롭게 믿을 수 있으며, 다른 사람들을 자기가 믿는 종교로 개종시키고자 하는 사람은 정중한 태도로 조용히 설득해야 한다. 설사 그렇게 해서 다른 사람들을 설득하는 데 실패했다 하더라도 타(他) 종교들을 공격해서는 안 되며 격렬하게 다른 사람을 개종시키려 하거나 욕설을 퍼부어서도 안 된다. 이를 위반한 사람은 추방형(追放刑)이나 노예형에 처한다.'

유토포스가 이 법률을 만든 것은 한편으로는 평화를 유지하기 위해서였으며 — 평화를 파괴하는 것은 끊임없는 파벌(派閥) 싸움과 그들 사이의 격렬한 증오심이라는 것을 그는 알고 있었습니다. — 다른 한편으로는 종교 그 자체를 위해서였습니다. 그는 종교에 대해 매우 신중했으며 어떤 종교가 옳다고 경솔하게 단정하지 않았습니다. '신(神)은 여러 가지 다양한 방법으로 숭앙 받기를 원하기 때문에 사람들로 하여금 각기 다른 견해를 갖게 했다.'고 추론한 것입니다.

그렇기 때문에 폭력과 협박으로 자신의 종교를 다른 사람들에게 강요 하는 것은 오만하고 어리석기 짝이 없는 행위라고 믿었습니다. 설사 참 된 종교는 오직 하나밖에 없으며 그 이외의 종교들은 모두 거짓 종교라 하더라도 그 문제는 겸허하게 이성적으로 다루어져야 하며, 진리는 조 만간 반드시 밝혀질 것이라는 것을 그는 확신했습니다.

그런데 만약 폭력으로써 그 유일한 진리를 다른 사람들에게 설득하려 한다면 — 어리석은 사람일수록 고집이 센 법이기 때문입니다. — 가장 훌륭하고 성스러운 종교는 마치 곡식이 가시덤불에 뒤덮이듯이 어리석 은 종교들에 의해 뒤덮여 버릴 것이라고 생각했던 것입니다.

그래서 그는 종교의 문제에 대해서는 단정을 내리지 않고 사람들로 하여금 각기 자기가 좋아하는 종교를 자유롭게 선택할 수 있게 했던 것 입니다. 다만 사람들이 영혼은 육체와 함께 죽는다든가 혹은 세계는 신 (神)의 섭리(攝理)에 의해 지배되는 것이 아니라 우연에 의해 지배될 뿐 이라는 등의 인간의 존엄성을 손상시키는 저열한 사고(思考)를 가지는 것을 엄격하게 금(禁)했습니다.

따라서 유토피아인들은 현세(現世)에서 저지른 악에 대해서는 사후(死 後)에 벌을 받게 되며 현세에서 행한 선에 대해서는 보상을 받게 된다는 것을 굳게 믿습니다. 만일 그렇게 믿지 않는 자가 있다면 자신의 고귀한 영혼을 가련한 짐승의 수준으로 격하(格下)시킨 자로 간주되어 사람들로 부터 인간 취급을 받지 못하며 더구나 유토피아의 시민으로도 취급을 받지 못합니다.

그런 자는 처벌의 두려움만 없다면 유토피아의 법률과 관습을 아무런 가치도 없는 것으로 치부할 것입니다. 법률 이외에는 아무것도 두려워하지 않고 사후에 대한 아무런 소망도 없으며 현세(現世)에서의 육체적 쾌락 이외에는 그 어떤 즐거움도 알지 못하는 사람은, 개인적인 욕망을 만족시키기 위해 기회가 닿는 대로 법망을 교묘하게 피하려 하거나 폭력으로 국법(國法)을 어길 수도 있다는 것은 의심할 여지도 없지 않겠습니까? 이러한 견해를 갖고 있는 사람은 아무런 명예도 얻지 못하며 어떤 공직(公職)에서도 일할 수 없습니다. 사람들은 그런 자를 저열한 인간으로 취급하며 경멸하게 됩니다.

그렇다고 해서 그런 자에게 형벌을 가하는 일은 없습니다. 좋아하는 것을 믿는 것은 인간의 힘으로 막을 수 없다는 것을 유토피아인들은 너무나도 잘 알고 있기 때문입니다. 또한 유토피아인들은 그런 자를 협박하여 그의 견해를 바꾸도록 강요하지 않습니다. 그들은 위선(僞善)을 기만과 마찬가지로 혐오하기 때문입니다. 다만 대중 앞에서 공공연하게 자기의 의견을 주장하는 것을 법률로써 금지하고 있을 뿐입니다.

그렇지만 그가 사제(司祭)나 훌륭한 인품을 갖춘 사람들과 개인적으로 토론하는 것은 허락될 뿐만 아니라 적극적으로 권장되고 있습니다. 그의 광기(狂氣)가 토론을 통해 이성(理性) 앞에 굴복하게 되리라는 것을 확신하기 때문입니다.

유토피아에는 위에서 말한 유물론자(唯物論者)와는 정반대되는 견해를 가진 사람들도 상당히 많이 있습니다. 비록 인간보다 열등하기는 하지만 동물들의 영혼도 인간의 영혼과 마찬가지로 영원히 사멸(死滅)하지 않으며, 인간과 같은 수준은 아니지만 인간처럼 행복을 목표로 삼고 있다고 믿는 이 사람들의 견해는 정당한 이성을 기초로 하고 있으며 꽤 훌륭한 견해를 주장하는 것에 대해서도 유토피아인들은 전혀 간여하고 있지 않습니다.

인간의 사후(死後)에 무한한 행복이 마련되어 있다고 믿는 그들은 질병에 대해서는 슬퍼하지만 죽음에 대해서는 조금도 슬퍼하지 않습니다. 다만 임종의 순간에 불안해 하고 살고 싶어 발버둥치며 죽어가는 모습을 보면 안타까워합니다. 그들은 이러한 죽음을 매우 불길한 징조라고 여깁니다. 그런 영혼은 지은 죄를 깨닫고 사후에 받게 될 형벌이 두려워 죽기를 꺼리는 것이라고 보는 것입니다.

신(神)의 부름을 받아 기꺼이 달려가지 않고 마지못해 신 앞에 끌려오는 사람을 신은 반기지 않을 것이라고 믿습니다. 그러므로 이러한 죽음에 대해서는 전율(戰慄)을 금치 못하며 침통한 침묵 속에서 장례식을 행하게 됩니다. 그들은 '신이여, 그의 영혼에 자비를 베푸소서. 그의 죄를 용서하여 수시옵소서.' 라고 기도한 다음 그의 시체를 매장힙니다.

반면 희망을 품고 행복한 마음으로 죽음을 맞이한 사람의 경우에는 슬퍼하지 않습니다. 오히려 기쁨의 노래를 부르며 장례를 치르면서 그의 영혼을 기꺼이 신에게 맡깁니다. 그리고 마지막으로 슬픈 마음보다는 경건한 마음으로 그의 시체를 화장(火葬)하고 그곳에 그의 덕을 칭송하는 비문(碑文)이 새겨진 비석(碑石)을 세웁니다. 장례를 마친 후에는 죽은 자의 덕과 선행(善行)에 대해 이야기하면서 집으로 돌아옵니다.

그중에서도 희망을 품고 행복한 마음으로 죽음을 맞이한 그의 태도만큼 흐뭇하게 반복되는 화제는 없습니다. 고인(故人)의 훌륭한 자질을 상기하는 것은 살아 있는 사람으로 하여금 덕과 선행을 배우게 하는 가장 효과적인 일일 뿐만 아니라 죽은 사람을 기쁘게 하는 일이라는 것입니다.

고인에 대한 이야기를 할 때면 무딘 인간의 눈으로는 보이지 않지만 그 고인이 그들과 함께 있다고 믿습니다. 신으로부터 최고의 축복을 받는 자는 가고 싶은 곳은 어디든지 자유롭게 갈수 있으며, 그가 살아 있는 동안 사랑했던 사람들을 두루 찾아다닌다고 믿는 것입니다.

유토피아인들은 생전에 훌륭했던 사람의 사랑과 존경은 죽음으로 감소되는 것이 아니라 오히려 더욱 증대된다고 생각합니다. 때문에 고인(故人)은 살아 있는 사람들 사이에서 자유롭게 어울리면서 유족들이 하는 말과 행동을 모두 지켜보고 있을 거라고 믿습니다. 사랑했던 고인이 자신을 지켜 준다고 확신하므로 더욱 성실하게 살아갈 수 있는 것입니다. 뿐만 아니라 조상들의 영혼이 항상 함께 한다는 믿음은 그들로 하여금 아무도 몰래 나쁜 행동을 하지 못하게 합니다.

그들은 다른 나라에서 진지하게 받아들이고 있는 점(占)이나 예언, 그 외 모든 미신적 점술에 조금도 주의를 기울이지 않고 철저하게 무시합니다. 그렇지만 자연의 힘으로 일어나는 것이 아닌 기적들은 크게 존중하고 숭배합니다. 그 기적들을 신의 존재와 신의 전능(全能)에 대한 증거라고 생각하기 때문입니다. 그러한 기적들이 유토피아에서도 종종 일어난다고 말합니다. 유토피아가 큰 위기에 처하여 국민 전체가 기적을 간구하는 기도를 올리면 그들의 큰 믿음으로 인해 때때로 응답을 받는다는 것입니다.

대부분의 유토피아인들은 오직 자연에 대한 연구와 그로부터 생겨나는 선에 대한 찬양으로만 신을 기쁘게 해 줄 수 있다고 생각합니다. 그런데 유토피아인들 중에는 그들의 종교에만 몰두한 나머지 학문도 하지 않고 여가도 즐기지 않는 사람들이 간혹 있습니다. 사후(死後)의 행복을 얻을 수 있는 유일한 방법은 선행(善行)을 하며 일생을 보내는 것이라고 믿고 있으므로 그들에게는 학문을 하거나 여가를 즐길 시간이 없는 것입니다.

그들은 환자들을 보살펴 주기도 하고, 길(道路)을 수리하고 도랑을 청소하기도 하고, 다리(橋)를 고치고 뗏장, 모래, 돌 등을 파내기도 하고, 나무를 잘라 톱질하여 목재와 곡식 등을 다른 도시로 운반하기도 합니다. 다시 말해 그들은 사회뿐만 아니라 시민 한 사람 한 사람을 위해서 마치 하인처럼 행동하며 노예보다 더 열심히 일합니다.

그들은 일반 사람들이 힘들어 하거나 그 일을 싫어하기 때문에 혹은 그 일을 해낼 수 없다는 절망감 때문에 사람들이 꺼리는 모든 거친 일, 더러운 일, 힘든 일들을 즐거운 마음으로 맡아 합니다.

이렇게 쉴 새 없이 일함으로써 다른 사람들에게 여가를 제공해 줄 수 있습니다. 그렇다고 그것에 대해 알아주기를 바라지도 않습니다. 그들은 다른 사람들의 생활 방식을 비난하지 않으며 자신만의 생활 방식을 뽐내지도 않습니다. 그렇기 때문에 그들이 노예처럼 일을 하면 할수록 사람들은 그만큼 더 존경하게 되는 것입니다.

이러한 사람들은 두 가지 부류로 분류됩니다. 그중 하나는 독신을 신봉하는 사람들입니다. 그들은 금욕주의자(禁慾主義者)로서 성적(性的) 행위를 멀리할 뿐만 아니라 육식(肉食)도 하지 않습니다. 그들은 현세(現世)의 모든 쾌락을 부정하고 오직 내세(來世)의 삶만을 동경합니다. 그들은 밤낮을 가리지 않고 땀 흘려 일하면서 내세의 삶을 빨리 얻게 되기를 바라며 그날이 올 때까지 쾌활하고 활기차게 살아갑니다.

두 번째 부류의 사람들은 첫 번째 부류의 사람들과 마찬가지로 열심히 일하기를 좋아하지만 결혼 생활은 바람직한 것으로 생각합니다. 그들은 결혼 생활의 즐거움을 경멸하지 않으며 자식들을 낳는 것은 자연과 사회에 대한 의무라고 생각합니다. 그들은 노동에 방해가 되지 않는 한 어떤 쾌락도 부정하지 않습니다. 육식(肉食)을 하면 건강해져 일을 더 열심히 할 수 있다고 생각하고 고기를 즐겨 먹습니다. 유토피아인들은 이들을 현명한 사람들이라고 하며 첫 번째 부류의 사람들을 경건한 사람들이라고 부릅니다.

결혼 생활보다 독신을 고집하며 안락한 삶보다는 고통스러운 삶을 추구하는 사람을 불합리하다고 비웃을 수 있지만 그들의 행위가 종교에 바탕을 두고 있다는 사실을 알고 있기 때문에 그들을 존경하는 것입니다. 이러한 부류의 사람들을 유토피아의 언어로 '부트레스케(Buthrescae)' 라는 특별한 이름으로 부르는데 '매우 신앙심이 깊은 자' 라는 뜻입니다. 유토피아인들은 특히 종교 문제에 대해서는 경솔한 판단을 내리지 않도록 몹시 신중을 기합니다.

경건한 유토피아의 사제(司祭)들은 적은 수의 인원이 있을 뿐으로 전쟁에 종군(從軍)하는 경우를 제외하면 도시마다 하나씩 있는 교회에 열세 명의 사제가 있는 것이 보통입니다.

전시(戰時)에는 그들 중 7명의 사제가 군대와 함께 출정(出征)하며, 그들이 사제직을 비우는 동안 7명의 사제를 새로 임명하여 사제직을 대신하게 합니다. 전쟁이 끝나면 종군했던 사제들은 각기 예전의 지위로 다시 돌아가게 되며, 신임(新任) 사제들은 어느 사제가 죽어 그 자리를 이어받을 때까지 주교(主敎)를 보좌합니다. 주교는 열세 명의 사제 중 한 사람으로 나머지 사제들을 통솔합니다.

사제들은 다른 관리들과 마찬가지로 분쟁(紛爭)을 피하기 위해 비밀 투표로 시민에 의해 선출됩니다. 투표에서 선출된 사람들은 사제들로 구성된 종단(宗團)에 의해 사제로 임명되지요. 사제들은 예배와 종교 의식(儀式)을 관장하며 사회의 윤리 문제를 감독하고 지도합니다.

유토피아인들은 올바르지 못한 생활이나 행동을 하여 사제들에게 불려가거나 책망을 듣는 것을 크나큰 수치로 생각합니다. 범죄자들을 꾸짖고 처벌하는 일은 시장(市長)과 관리들이 하지만 그릇된 생활이나 잘못된 행동에 대해 충고하고 훈계하는 일은 사제들이 맡습니다.

그렇지만 매우 흉악한 범죄자에 대해서는 사제들이 파문(破門)합니다. '파문'만큼 유토피아인들이 두려워하는 형벌은 없습니다. 파문을 당한다는 것은 최대의 치욕이며 신(神)의 처벌에 대한 두려움에 떨게 됩니다. 그뿐만 아니라 안전하지도 못합니다. 왜냐하면 빠른 시일 내에 참된 인간이 되었다는 증거를 사제들에게 보이지 않는 한 불경(不敬)한 자로서 의회에 체포되어 처벌을 받게 되기 때문입니다.

사제(司祭)들은 어린이들과 청소년들의 교육도 맡고 있습니다. 어린이들과 청소년들의 학문에 열성을 기울이는 것 못지않게 그들의 윤리와 미덕에 대한 수련에도 정성을 다합니다. 감수성이 예민한 그들의 마음속에 나라를 지키는 데 필요한 올바른 국가관을 심어 주기 위해 최대의 노력을 합니다. 일단 어린 시절에 올바른 국가관이 마음속에 자리 잡고 평생토록 지속된다면 그들은 나라와 사회를 위해 크게 기여하게 되겠지요. 국가의 파괴는 그릇된 견해로부터 생겨나는 악덕으로 비롯되는 것입니다.

유토피아에서는 남자 사제들도 — 여자들도 사제로 선출될 수 있는데 그런 경우는 몇 년에 한 번 있을까 말까 하며 그것도 나이가 지긋한 과부들에게만 한정되어 있습니다. — 결혼을 할 수 있습니다. 그뿐만 아니라 유토피아에서 가장 훌륭한 여인을 아내로 삼을 수 있습니다. 사제만큼 사람들로부터 존경을 받는 관직은 없기 때문입니다.

설사 사제가 죄를 저질렀다 하더라도 기소(起訴)는 되지 않고 신(神)과 사제 스스로에게 맡겨집니다. 그렇게 하는 이유는 사제는 신에게 바쳐진 신성한 제물(祭物)이므로 어떤 죄를 지은 사제라도 인간의 손으로 처벌하는 것은 옳지 못한 일이라고 믿기 때문입니다.

유토피아인들은 이러한 관습을 지켜 나가는 데 어려움을 느끼지 않습니다. 유토피아에는 사제의 수가 극히 적으며 매우 신중하게 선출됩니다. 사제들은 가장 고귀한 성품을 지닌 사람이 선출되며 그로 인하여 존경 받는 지위에 오른 사람이 부패와 악에 빠지는 일은 거의 없습니다.

인간의 마음은 원래 변하기 쉽기 때문에 사제가 부패와 악에 빠지는 일이 있다 하더라도 그 수효는 극히 적으며, 또 그들에게는 명예 이외에는 아무런 권력도 주어져 있지 않으므로 그들이 사회에 커다란 해악을 끼칠 염려는 없는 것입니다.

유토피아인들이 극소수의 사제만을 두는 것은 사제들의 권위가 떨어지는 것을 방지하기 위해서이며 ─ 만일 많은 사람들에게 사제의 권위를 주면 사람들로부터 존경 받는 현재의 권위는 저하될 것이기 때문이지요. ─ 특히 그들이 말하듯이 보통의 덕성(德性)으로는 감당할 수 없는 명예로운 사제직에 적합한 존엄성을 갖춘 사람이 워낙 귀하기 때문이기도 합니다.

유토피아의 사제들은 자국의 국민뿐만 아니라 다른 나라 국민들로부터도 커다란 존경을 받고 있습니다. 그 이유는 다음과 같은 사실에 의해서도 분명해집니다. 즉 전쟁터에서 군대가 싸우는 동안 그곳과 그다지 멀지 않은 곳에서 사제들은 성의(聖衣)를 입은 채 무릎을 꿇고 하늘을 향해 두 손을 뻗쳐 기도를 합니다. 그들은 평화를 기원하며 다음에는 유토피아의 군대가 승리하기를 기원합니다. 그와 함께 아군과 적군 어느 쪽도 많은 피를 흘리지 않게 되기를 간절히 기원하는 것입니다.

유토피아의 군대가 승리하게 되면 사제들은 서둘러 전쟁터로 달려가 유토피아의 병사들이 패배한 적군들에게 잔혹한 행위를 하지 못하도록 방지합니다. 패배한 적군이 사제를 발견하여 구원을 호소하면 그 적군의 생명은 안전하게 되며 길게 늘어진 사제의 성의(聖衣)를 만지기만 해도 그가 갖고 있는 소지품까지 안전하게 보호됩니다.

사제들의 이러한 행위는 다른 나라 국민들로부터 커다란 존경을 받게 했으며, 군대로부터 적군을 보호해 줄 수 있었던 것만큼이나 적군으로부터 시민들을 보호해 줄 수 있을 만큼 참된 권위를 그들에게 부여해 준 것입니다.

다음 이야기는 이미 잘 알려진 사실입니다. 언젠가는 유토피아의 군대가 완전히 패하여 전의(戰意)를 잃고 패주(敗走)하고 있었습니다. 적의 군대는 살육과 약탈을 위해 맹렬한 기세로 유토피아 군대를 추격했습니다. 그때 대학살을 방지하기 위해 사제들은 추격하는 적군과 패주하는 아군 가운데로 뛰어들어 양쪽 군대를 서로 갈라놓았습니다. 그리고 공정하고 타당한 조건으로 양자(兩者) 사이에는 평화가 체결되었습니다. 가장 야만적이고 잔학(殘虐)한 민족들 사이에서조차 이 사제들은 신성불가침(神聖不可侵)한 존재로 추앙받고 있는 것입니다.

유토피아인들은 매월 첫째 날과 마지막 날, 그리고 매년 첫째 날과 마지막 날을 휴일로 정하여 종교적 축제를 벌입니다. 그들은 지구가 태양의 주위를 1회전하는 기간을 측정하여 1년으로 정하고 있으며, 달이 지구의 주위를 1회전하는 기간을 측정하여 한 달로 삼고 있습니다. 그들의 언어로 첫째 날을 키네메르니(Cynemerni)라고 부르며 마지막 날을 트라페메르니(Trapernerni)라고 부릅니다. 이것은 '첫 번째 축제', '마지막 축제'라는 뜻입니다.

유토피아의 교회들은 아름답게 지어졌을 뿐만 아니라 적은 숫자의 교회가 엄청난 수의 군중들을 모두 수용할 수 있도록 크게 지어야 했기 때문에 매우 웅장합니다. 교회의 내부는 어둠침침한데 그것은 건축 기술이 부족하기 때문이 아니라 일부러 그렇게 한 것입니다. 지나치게 밝은 빛은 주의를 산만하게 하지만 어둠침침한 빛은 정신을 집중시키고 마음을 경건하게 해 준다고 사제들이 요청했기 때문입니다.

물론 유토피아에는 여러 가지 다른 종교들이 있습니다. 그 종교들은 각기 다른 방법을 택하고는 있지만 지향하는 목표는 동일합니다. 그것은 신을 숭배하는 것입니다. 그러므로 교회 안에서는 모든 종교에 동일하게 적용되는 내용만 보거나 듣게 됩니다. 다른 종교에는 적용되지 않는 독특한 종교 의식은 집안에서 개인적으로 행해지며, 교회의 합동 예배는 개개인의 신앙이나 의식을 훼손하지 않는 범위 내에서 행해지기 때문입니다.

그러므로 교회에는 신(神)의 이미지가 없습니다. 그것은 각 개인으로 하여금 자유롭게 선택한 신앙에 따라 신의 형상을 마음속에 그릴 수 있게 하기 위해서입니다. 그런데 그들은 어떤 신이라도 '미트라(Mithra)'라는 이름 이외의 다른 특별한 이름으로는 부르지 않습니다. 그들은 신을 미트라라고 부름으로써 신이 유일하고도 신성한 존재라는 점에 모두 동의하는 것입니다. 또한 교회 안에서의 기도는 다른 종파(宗派)의 사람들의 감정을 해치지 않도록 구성되어 있습니다.

매월 매년의 마지막 날, 즉 '마지막 축제' 날 저녁에 그들은 교회에 모여 지난 한 달이나 지난 1년 동안 즐겁게 살아온 데 대해 신에게 감사하며 다음 날, 즉 '첫 번째 축제' 날 아침에 교회에 모여 앞으로의 한 달이나 올해의 행복과 번영을 신에게 기원합니다.

'마지막 축제' 날 교회에 가기 전에 아내는 남편 앞에, 아이들은 부모

앞에 무릎을 꿇고 그동안 저지른 잘못과 해야 할 일을 하지 않은 죄 등을 고백하고 용서를 빕니다. 그렇게 가족끼리 쌓인 분노와 원한의 먹구름이 용서와 참회로 완전히 사라지고 가족들 모두 깨끗한 마음으로 성스러운 예배에 참석할 수 있는 것입니다.

그들은 양심의 가책을 품은 채 신 앞에 나가는 것을 몹시 꺼립니다. 자기가 다른 사람에게 증오와 분노를 품고 있다는 것을 깨달았다면 그 사람과 화해하여 양심의 가책을 제거한 후가 아니면 절대로 예배에 참석하지 않습니다. 그렇게 하지 않으면 금방이라도 신의 무서운 형벌이 떨어질 것이라고 두려워하기 때문입니다.

교회에 들어가면 남자들은 오른쪽, 여자들은 왼쪽에 앉습니다. 그리고 남자 가족들은 자기 집 가장(家長)의 앞에 자리를 잡고 앉으며 여자 가족들은 어머니 앞에 자리를 잡고 앉습니다. 집안에서 가장(家長)과 어머니가 권위와 책임을 갖고 가족들을 다스리듯이 외부에서도 두 사람은 가족들의 모든 행위를 살펴야 하기 때문입니다.

또한 나이가 어린 사람들은 반드시 나이 많은 사람들과 함께 앉도록 특별한 주의를 기울이고 있습니다. 만일 아이들끼리 앉게 되면 선(善)에 이르는 가장 강력하고도 유일한 길인 신에 대한 경외심(敬畏心)을 높여야 할 교회에서 장난을 하며 시간을 허비할지도 모르니까요.

그들은 예배를 드릴 때 동물을 죽여 신에게 바치는 일은 결코 하지 않습니다. 자비로운 신이 살육(殺戮)과 피를 좋아할 리가 없으며, 신은 '자신의' 동물들에게 생명을 주셨으니 그 동물들 역시 삶을 즐기기를 원한다고 보기 때문입니다.

다만 예배를 드릴 때는 향유를 태우기도 하고 촛불을 켜놓기도 합니다. 물론 향유를 태운다든가 촛불을 켜놓는 것이 인간의 기도가 그러하듯이 신에게 조금도 도움이 되지 않는다는 것을 알고 있으나 그들은 이런 무해한 예배 형식을 좋아합니다. 향유의 향기와 촛불의 빛은 다른 종교 의식(儀式)들과 마찬가지로 인간의 정신을 고양시키며 사람들로 하여금 더욱더 진지한 태도로 신을 숭배하게 한다고 보기 때문입니다.

일반 사람들은 교회 안에서 흰옷을 입지만 사제들은 다채로운 성의(聖衣)를 입습니다. 그 성의(聖衣)는 아름답고 훌륭하게 만들어졌으나 황금이나 보석들로 장식된 것이 아니라 여러 종류의 새의 깃털 등 값싼 물질로 꾸며진 옷입니다.

하지만 그 옷은 너무나 정교하고 아름답게 만들어져 있으며 아무리 값비싼 재료로 만들었다 하더라도 그만큼 아름답지는 못할 것입니다. 뿐만 아니라 새의 깃털들은 신성한 진리를 상징하는 특별한 형태로 장식되어 있으며 사제들은 그것의 의미를 사람들에게 정성스럽게 알려 줍니다. 그 특별한 형태들은 숭배자들에게 그들 자신에 대한 신의 사랑과 선에 대한 의무, 그리고 서로에 대한 의무를 상기시켜 줍니다.

사제가 이러한 성의(聖衣)를 입고 성의실(聖衣室)에서 나오는 순간, 사람들은 모두 경건한 마음으로 땅바닥에 엎드립니다. 그러면 주위는 온통 깊은 침묵에 잠기게 됩니다. 그 분위기는 매우 엄숙하여 실제로 그곳에 신적(神的)인 힘이 존재하는 듯한 느낌을 갖게 합니다. 잠시 후 사제는 땅바닥에 엎드려 있는 사람들에게 일어나라는 손짓을 합니다. 그러면 사람들은 일어나 악기의 반주에 맞추어 신을 찬미하는 노래를 부릅니다.

그 악기들은 대부분 우리가 사는 곳에서 볼 수 있는 것과는 매우 다른 형태를 하고 있으며, 나쁜 소리를 내는 악기들도 몇몇 있기는 하지만 대부분의 악기들은 우리들의 악기와는 비교할 수 없을 정도로 훨씬 아름다운 소리를 냅니다.

또한 그들의 음악이 우리보다 앞서 있는 점이 한 가지 있습니다. 그것은 악기에 의해 연주되는 음악이건 사람의 목소리로 부르는 음악이건 그들의 모든 음악은 인간 본연의 감정을 그대로 표현하고 있다는 점입니다. 즉 그 음악의 주제가 기원이건 환희이건, 혼란이건 평온이건, 슬픔이건 분노이건 그 선율(旋律)은 감정의 의미를 매우 정확하게 표현합니다. 따라서 그 선율은 듣는 이들의 가슴속 깊이 파고들어 그들의 영혼에 불을 지핍니다.

끝으로 사제와 그곳에 모인 사람들이 함께 엄숙한 기도문을 외웁니다. 그들이 함께 외우는 그 기도문은 각기 자신에게 적용할 수 있도록 만들어져 있습니다. 그 기도문은 다음과 같습니다.

"오, 신이여! 당신이 나의 창조자이시며 나의 지배자이시며 모든 선(善)한 것의 근원이심을 나는 알고 있습니다. 당신이 내게 내려주신 축복에 감사하며, 특히 가장 행복한 사회에서 살 수 있게 해 주신 것과 가장 참된 종교를 갖게 해 주신 데 대해 감사드립니다.

당신이 보시기에 이보다 더욱 훌륭한 나라와 종교가 있다면 제발 가르쳐주십시오. 당신이 인도하시는 곳이라면 어디에든 기꺼이 따르겠습니다. 하지만 우리의 사회가 참으로 훌륭한 사회이며 나의 종교가 가장 참된 종교라면 우리의 사회와 나의 종교에 충실할 수 있도록 나를 지켜 주십시오. 그리고 다른 사람들 또한 이와 같은 생활 양식과 이와 같은 신앙으로 인도해 주십시오. 현재 이 세상에 여러 신앙이 존재하는 것이 인간으로서는 알 수 없는 당신의 뜻이 아니라면 말입니다.

나를 일찍 데려가실 것인지 늦게 데려가실 것인지는 당신의 뜻에 달려 있습니다만 내게 고통이 없는 죽음을 허락해 주십시오. 당신의 뜻에 거슬리지 않는 일이라면 당신에게서 멀리 떨어진 이 지상(地上)에서 고통스러운 생활을 하며 오래 사는 것보다 차라리 즐거운 죽음으로 당신에게 빨리 가기를 원합니다."

이렇게 기도문을 외운 다음 그들은 다시 땅바닥에 엎드립니다. 그리고는 잠시 후 일어나 밖으로 나가 점심 식사를 합니다. 그 후 나머지 시간에는 오락과 군사 훈련을 하며 하루를 보냅니다.

유토피아 - 가장 훌륭한 복지 국가

이제까지 나는 유토피아의 제도에 대해 가능한 한 정확하게 말씀드렸습니다. 유토피아야말로 세계에서 가장 훌륭한 복지 국가이며, 복지 국가라고 이름 부를 수 있는 유일한 국가라고 생각합니다. 물론 다른 나라에서도 사람들은 공공(公共)의 이익에 대해 말합니다. 그러나 진실로 그들이 추구하는 것은 오직 자신만의 개인적인 이익인 것입니다. 그렇지만 사유 재산 제도(私有財産制度)가 없는 유토피아에서는 공공의 이익을 추구할 수 있습니다.

위의 두 가지 상반된 태도는 당연한 결과입니다. 다른 나라에서는 나라가 아무리 풍요롭다 하더라도 자신의 이익을 추구하지 않으면 굶어 죽게 된다는 것을 누구나 알고 있습니다. 그러므로 그들은 공공의 이익, 즉 다른 사람들의 이익보다도 각기 자신의 이익을 추구하지 않을 수 없는 것입니다.

그와는 달리 모든 것을 공유(共有)하는 유토피아에서는 국가의 창고에 물품이 가득 차 있는 한 아무도 궁핍에 대한 두려움을 느끼지 않습니다. 물품은 모든 사람들에게 공평하게 분배되고 있으니까요. 때문에 유토피아에는 가난한 사람도 거지도 없습니다. 모든 사람이 아무것도 소유하지 않지만 모두가 풍요로운 것입니다.

평화로운 마음으로 아무런 근심 걱정 없이 즐겁게 사는 것보다 더 큰 복지가 어디 있겠습니까? 유토피아인들은 식량 걱정을 하는 아내의 투덜거리는 불평이나 아들이 빈곤하게 살까 봐, 또는 딸의 결혼 지참금에 대한 걱정으로 괴로워하지 않으며, 자신과 가족들 — 아내, 자식들, 손자들, 증손자들, 고손자들까지 — 의 생계와 행복이 보장되어 있다는 것을 잘 알고 있습니다.

그와 함께 나이가 많아 일을 하지 못하는 사람들에게도 열심히 일을 하는 사람들에게 분배되는 것과 똑같은 풍족한 물품이 분배됩니다. 그러므로 유토피아의 공평함과 다른 나라에서 말하는 공정을 비교하고자 하는 사람은 한 사람도 없을 것입니다.

단언하거니와 다른 나라에서는 공평과 공정의 조그만 흔적도 발견할 수가 없습니다. 귀족들, 귀금속업자들, 고리대금업자들과 같이 아무런 일도 하지 않고 빈둥거리거나 혹은 사회 복지에 아무 도움도 되지 않는 일을 하는 사람들은 호화롭고 사치스러운 생활을 영위할 수 있는 데 반면에 노동자들, 마차꾼, 목수, 농부 등 이들이 일하지 않으면 그 사회는 단 1년도 유지될 수 없는 데도 보잘 것 없는 보수를 받으며 무거운 짐을 끄는 말보다도 못한 비참한 생활을 하고 있습니다. 이것이 공정이란 말입니까?

짐을 끄는 말은 적어도 그렇게 오랜 시간 쉬지 않고 일을 하지 않으며 말의 음식 또한 그다지 나쁘지 않고 미래에 대한 두려움도 없습니다. 그렇지만 노동자들은 고생하는 것에 대한 보상도 받지 못한 채 중노동에 시달릴 뿐만 아니라 노후(老後)나 병들었을 때의 빈곤에 대한 공포로 몹시 불안해 합니다. 그들이 받는 임금은 너무나 적어 그 돈으로는 그날그날을 살아가기에도 충분치 않으므로 노후를 위해 비축할 여유가 없기 때문입니다.

소위 귀족이라고 불리는 빈둥거리는 사람들이나 귀금속업자들과 같이 사치품을 생산하여 사람들에게 헛된 쾌락만을 제공할 뿐인 기생충 같은 자들에게는 막대한 보수를 주는 반면, 그들 없이는 사회 복지는 전혀 불가능한 농부들, 석탄을 캐는 갱부(坑夫)들, 노동자들, 마차꾼들, 목수들과 같은 사람들에게는 보잘것없는 보수를 주는 사회야말로 공평치 못하고 배은망덕한 사회가 아니겠습니까?

그들이 한창 젊고 혈기왕성할 때에는 실컷 혹사를 시키고는 노쇠하고 병들어 극도로 빈곤한 상태에 떨어지면 열심히 일했던 것에 대한 보답으로 비참한 죽음을 맞게 합니다. 그들이 밤낮을 가리지 않고 사회에 봉사했던 일과 그러한 봉사로 인해 사회가 받았던 크나큰 이익을 잊고 배은망덕하게도 말입니다.

게다가 그 불쌍한 사람들이 받는 극히 적은 보수마저도 부유한 자들의 부정한 수단에 의해서 뿐만 아니라 국법(國法)의 조세에 의해서도 매일 강탈당하고 있습니다. 과거에도 사회를 위해 가장 열심히 일을 하는 사람들이 가장 적은 보수를 받는 것이 정당하다고 생각했으며 그들은 정의를 왜곡하고 타락시키다 못해 마침내 법률로 정하여 오늘날에는 그것을 정의로까지 통용시키고 있습니다.

그러므로 오늘날 세계 도처에서 행해지는 사회 제도를 생각하면 공공 복지라는 미명(美名) 아래 자신의 이익만을 추구하기 위해 부유한 자들이 꾸민 음모라고밖에 나는 생각할 수 없습니다. 그들은 첫째, 부정한 수단으로 긁어모은 재산을 안전하게 지키기 위해 둘째, 가난한 자들을 착취하기 위해 그들의 노동력을 싼 값으로 사들이는 둥 온갖 계략과 술책을 연구해 냅니다.

그렇게 연구한 온갖 계략과 술책이 공공(公共) — 가난한 사람들까지도 포함된 — 의 이름으로 발표되면 그 계략과 술책은 곧 법률이 되며, 따라서 그들은 사회가 인정한 법률의 힘을 얻게 되는 것입니다. 그런 식으로 결코 만족할 줄 모르는 탐욕스럽고 사악한 그들은 모든 국민의 빈곤을 충족시키고도 남을 엄청난 물품을 자기들끼리 나누어 갖게 되었습니다. 그러면서도 유토피아인들보다 행복하지 못한 것입니다.

유토피아에서는 재화에 대한 모든 욕망은 금전 사용 폐지와 함께 완전히 사라졌습니다. 그와 함께 수많은 사회 문제가 해결되었으며 많은 범죄가 근절되었습니다. 재화에 대한 욕망 때문에 매일 처벌해도 조금도 줄어들지 않는 사기, 절도, 강도, 말다툼, 폭동, 싸움, 반란, 살인, 배반, 독살(毒殺) 등과 같은 범죄들이 화폐 제도 폐지와 함께 사라졌으며, 화폐가 사라짐과 동시에 두려움, 불안, 걱정, 고통, 불면의 밤 등이 사라지는 것 또한 당연한 일이 아니겠습니까? 뿐만 아니라 돈의 결핍으로 인해 야기되는 가난 그 자체도 화폐가 사라짐과 동시에 사라졌습니다.

이 점에 대해 좀더 분명하게 이해하기를 원한다면, 심한 흉년이 들어 수천 명이 굶어 죽었던 해를 상기해 보십시오. 식량난이 끝난 직후에 부유한 자들의 창고를 살펴보았다면 당신들은 그곳에서 기근과 질병으로 시달리는 수천 명의 생명을 구하기에 충분한 곡식을 발견했을 거라고 나는 단언합니다. 그 곡식들을 나누어 주었더라면 그들은 굶주림과 질병으로 죽지 않았을 것입니다.

그러니 만일 그놈의 돈이 아니었다면 누구나 손쉽게 생활필수품들을 충분히 얻을 수 있었을 것입니다. 생활에 필요한 물건들을 보다 쉽게 얻을 수 있게 하기 위해 만들어낸 위대한 발명품이 실제로는 생활에 필요한 물품들을 얻는 데 유일한 방해물이 되고 만 것입니다.

부자들도 이러한 사실을 잘 알고 있다고 확신합니다. 즉 그들도 자기가 필요로 하지 않는 물품들을 많이 갖고 있는 것보다는 자기가 필요로 하는 물품들을 부족하지 않게 갖고 있는 편이 훨씬 바람직하며, 엄청난 재산에 파묻혀 사는 것보다는 수많은 걱정과 근심으로부터 풀려나 자유롭게 사는 편이 훨씬 낫다는 것을 말입니다.

만약 모든 악의 근원인 자만심만 아니었더라면 자신의 진정한 이익을 추구하는 분별력이나 혹은 너무나 현명하여 우리에게 최선이 무엇인지를 알고 계시며 항상 자애롭게 선행을 권하시는 구세주 그리스도의 권위로 이미 오래 전에 전 세계를 유토피아의 사회 제도로 이끌었으리라고 나는 확신합니다.

자만심이란 자기가 갖고 있는 것과 자기의 우월함을 기준으로 부(富)와 행복을 측정하는 것이 아니라 다른 사람들이 갖고 있지 않은 것과 다른 사람들의 열등함을 기준으로 측정하기 때문입니다. 자만심은 군림하고 조소할 하층의 사람들이 없으면, 즉 자기의 행복과 부귀를 과시함으로써 괴롭힐 비참한 사람들이 없으면 천국에 안주(安住)하는 것조차도 거부합니다. 자만심은 마치 지옥의 뱀처럼 인간의 마음속에 똬리를 틀고 빨판 상어[18]처럼 국가라는 배(船)에 달라붙어 우리가 보다 나은 훌륭

---

18) 배에 달라붙어 배를 움직이지 못하게 한다고 생각했던 빨판 상어과에 속하는 바다 물고기.

한 삶을 향해 나아가는 것을 방해합니다. 자만심은 인간의 마음속에 너무나 깊이 확고하게 뿌리박혀 있기 때문에 그것을 제거한다는 것은 결코 쉬운 일이 아닙니다.

그래서 세계의 모든 국가들이 채택하기를 원하는 사회 제도를 실현한 국가가 유토피아 한 나라라도 있다는 것을 나는 매우 기쁘게 생각합니다. 유토피아인들은 만인을 행복하게 해 주는 공공복지의 기초를 마련해 주었을 뿐만 아니라 인간의 지혜가 능력을 잃지 않는 한 영원히 계속될 사회 제도를 채택했습니다.

그들은 공명심과 파벌 싸움의 씨앗을 완전히 제거해 버렸습니다. 그래서 유토피아에는 이제까지 번영했던 수많은 나라들이 망할 수밖에 없었던 유일한 원인인 내분(內紛)의 위험이 전혀 없습니다. 국민들이 화합하고 건전한 사회 제도가 지속되는 한 이웃 나라의 탐욕스러운 왕들이 아무리 공격해 올지라도 결코 유토피아를 혼란시키거나 멸망시킬 수 없을 것입니다. 실제로 주변 국가들이 여러 번 공격해 왔지만 그때마다 그들은 격퇴되었던 것입니다.

라파엘이 이야기를 마쳤을 때 내게는 유토피아인들의 관습과 법률 중 많은 것들이 이상하게 생각되었다. 예컨대 그들의 전쟁 방법과 종교 의식, 그리고 많은 법률들이 그러했으며 특히 그들의 가장 중요한 기반을 이루고 있는 사회 제도, 즉 화폐를 사용하지 않고 모든 것을 공유(共有)하는 제도가 그러했다. 그런 제도는 귀족 사회의 종말을 의미하며 따라서 일반적으로 국가의 참된 영예로 평가되는 모든 권위와 화려함, 위엄의 종말을 의미하기 때문이다.

그렇지만 오랜 이야기로 그가 몹시 지쳐 보였기 때문에 나의 반박에 답변하기가 힘들지도 모르겠다는 생각이 들었다. 그리고 무엇보다도 다른 견해에 반박하지 않으면 바보로 보이지 않을까 우려하는 사람들에 대해 비판하던 그의 말이 머리에 떠올라 반박하는 것을 그만두기로 했다.

다만 유토피아의 사회 제도와 그의 자세한 설명에 찬사를 보내고 재미있는 이야기를 들려준 데 대해 그에게 감사했다. 그러고 나서 그의 손을 이끌고 저녁 식사를 하러 가면서 그에게 이렇게 말했다.

"이 문제에 대해 당신과 함께 보다 깊이 생각하고 충분히 이야기할 수 있는 기회가 오기를 바랍니다."

정말로 나는 그런 기회가 오기를 고대하고 있다. 그때까지는 그가 비록 학식이 높고 경험이 풍부하기는 하지만 그가 말한 모든 것에 동의할 수는 없다.

그런데 유토피아의 사회 제도 중에서 거의 기대할 수는 없겠지만 유럽의 여러 국가들에게 채택되었으면 좋겠다고 생각되는 점들이 많다는 것을 인정하지 않을 수는 없었다.

매우 훌륭하고 학식이 높은 런던의 시민이며
주(州) 장관인 토머스 모어(Thomas More)가 공표한
이제까지 거의 알려지지 않았던
유토피아 섬나라의 법률과 관습에 대한
라파엘 히슬로다에우스(Raphel Hythlodaeus)의
오후 이야기. 끝.

 # 토머스 모어 연보

□ 1478년 2. 6

  런던에서 변호사 존 모어(John More)의 장남으로 태어남

□ 1485년(7세)

  헨리 7세 왕위에 오름. 성(聖) 안토니 학교(St. Anthony School)에

  입학

□ 1490년(12세)

  대주교(大主敎)이며 대법관인 존 모턴(John Morton)의 집에 머무름

□ 1492년(14세)

  옥스퍼드 대학에 입학하여 그리스어를 공부함

□ 1494년(16세)

  아버지의 희망에 따라 옥스퍼드 대학을 중퇴하고 뉴 법학원(New

  Inn)에 입학하여 법학을 공부함

□ 1496년(18세)

  링컨 법학원(Lincoln's Inn)에 입학

□ 1499년(21세)

  에라스무스(Erasmus)와 알게 됨

□ 1501년(23세)

  링컨 법학원을 졸업하고 변호사가 됨

□ 1504년(26세)

　하원 위원에 당선됨

□ 1505년(27세)

　제인 콜트(Jane Colt)와 결혼

□ 1506년(28세)

　장녀 마가레트 출생

□ 1507년(29세)

　차녀 엘리자베스 출생

□ 1508년(30세)

　삼녀 세실리 출생

□ 1509년(31세)

　장남 존 출생. 헨리 7세가 죽고 헨리 8세가 왕위에 오름

□ 1510년(32세)

　런던시의 시장 대리 겸 법률 고문이 되다.

□ 1511년(33세)

　아내 제인이 죽자 연상(年上)의 미망인 알리스 미들튼(Alice Middleton)
　과 재혼함

□ 1515년(37세)

　영국의 외교 사절로서 양털 수출 문제를 해결하기 위해 플랜더스
　(Flanders)에 파견되어 카스틸리아(Castile)의 외교 사절들과 회담.
　회담이 중단된 동안 앤트워프(Antwerp)에 머물면서 《유토피아》 제 2권
　을 씀

☐ 1516년(38세)

회담을 성공적으로 끝내고 런던으로 돌아와 《유토피아》 제 1권을 씀

☐ 1518년(40세)

왕 헨리 8세의 고문관이 됨

☐ 1521년(43세)

나이트(Knight) 작위(爵位)를 받음

☐ 1529년(51세)

대법관이 됨

☐ 1533년(55세)

대법관을 사임함

☐ 1534년(56세)

4월 헨리 8세의 재혼을 반대하여 대역죄(大逆罪)라는 죄목으로 런던 탑에 갇히게 됨

☐ 1535년(57세)

7월 6일, 15개월 동안의 감옥 생활 후 사형을 언도 받고 단두대(斷頭臺)에서 처형됨

이 시대를 구성하고 있는 우리 모두에게 사회 전반을 이해하는데 커다란 영향을 미칠 수 있는 역사 인식의 길잡이!!

'역사란, 역사가와 사실들 사이의 상호작용의 부단한 과정이며, 현재와 과거와의 끊임없는 대화이다.'

What is History?

이 책은 역사라는 근본 문제를 하나하나 빠짐없이 논한 역사철학서이다. 〈역사란 무엇인가〉는 아마도 현대에서 가장 새롭고 가장 뛰어난 철학서일 것이다. 이 책의 뛰어난 내용은 E. H. Carr가 직업적인 철학자가 아니라 현대의 가장 탁월한 역사가라는 점과, 따라서 이 책이 그의 오랜 동안의 역사적 연구 및 서술의 경험을 통해 얻은 지혜의 결정(結晶)이라는 점이다.

"역사란 현재와 과거의 대화이다." E. H. Carr는 이 말을 이 책 속에서 여러 차례 반복하고 있다. 이것은 그의 역사철학의 정신이다. 한편으로는, 과거는 과거 때문에 문제가 되는 것이 아니라 우리들이 살고 있는 현재에서의 의미 때문에 문제가 되는 것이며, 다른 한편으로는, 현재라는 것의 의미는 고립(孤立)한 현재에서가 아니라 과거와의 관계를 통해 분명해지는 것이다.

E. H. 카 (Edward Hallet Carr) 지음 | 박종국 옮김 | 신국판 양장 | 240쪽 | 값 10,000원